특별한 날은 특별히 아프다

애진(厓珍)에게

추천사

죽음은 매정하다. 기회를 주지 않으니까. 타협도 중재도 없으니까. 그 되돌릴 수 없는 이별 앞에서 남겨진 가족은 어떤 시간을 사는가. 아니, 버티는가.

신정섭의 『특별한 날은 특별히 아프다』는 가없는 고통으로 빚어진 그 시간을 고백하는 일기이다. 이태원 참사로 자신보다 사랑하던 딸을 잃은 아버지는 고백한다. 허물어지는 것, 이별을 인정할 수 없어 잠에서 깨지 않는 것, 우는 것, 울고 또 우는 것, 그것이 남겨진 사람의 하루하루라고. 그렇다고 그의 기록이 개인의 몸부림에서 그치는 건 아니다. 그는 광장과 헌법재판소를 다니고 같은 처지의 유가족을 만나며 진실을 밝혀야 한다는 책무를 온몸으로 통과하는 한편 또 다른 참사가 없도록, 무고한 죽음이 반복되지 않도록, 무엇을 해야 하고 할 수 있는지 스스로 답을 찾아간다. 그 여정은 독자로서는 가슴 아프지만 우리 공동체의 시선으로 본다면 숭고하기만 하다.

그리고 또 하나의 바람……

어느 날 애진의 부모님이 이메일을 보내와 우리는 만났고, 그때부터 나는 신애진이라는 한 사람을 조금씩 알아가게 됐다. 그의 아름다운 웃음을, 야무졌던 일상을, 가족과 친구를 향한 속 깊은 배려를, 『특별한 날은 특별히 아프다』를 읽은 독자들도 나처럼 알아주면 좋겠다. 언덕 위 보배, 애진(厓珍), 그 귀한 사람의 짧은 삶이 망각되지 않기를. 우리가 세대에 걸쳐 간직해야 하는 인간적인 자세는 기억하고 함께 울어주는 것, 바로 그것임을 되새겨주기를.

조해진, 소설가

노래를 따라오다 보니 여기에 있게 되었다. 노래는 내 입을 통해 나가지만 나가고 나면 내 것이 아니다. 그저 공기를 타고 전파를 타고 자유롭게 다닌다. 그 가운데 새로운 사람을 만나 추억을 만들기도 하고 남몰래 숨어 울고 있는 누군가에게 다가가기도 한다. 나는 그저 노래가 가는 곳에 종종 불려 다닐 뿐이었다. 이태원 참사 49재에도 노래가 가게 되었다.

그곳에서는 특별히 〈소풍〉이라는 노래를 골라서 불렀다. 시간과 추억의 덧없음, 하지만 그 안에 오늘을 감사하는 마음과 소풍처럼 소중한 삶에 대한 이야기를 담고 있는 노래. 그 노래를 부르기로 한 것은 떠나간 사람들의 삶이 소풍 같기를, 남겨진 사람들의 삶 또한 소풍처럼 아름답기를 바라는 마음에서였다.
나는 그곳에서 슬픔에 찬 사람들의 눈은 파랗게 빛난다는 사실을 알게 되었다. 그날 이후 나는 며칠간 마음앓이를 했다. 사실 그런 마음앓이는 익숙한 편이다. 세월호 유족들과 함께 노래했을 때도, 동료를 잃은 노동자들 사이에서 노래했을 때도, 그러한 마음의 여진은 노래의 진동을 담는 사람으로서 당연히 견뎌야 할 몫이라고 생각했다. 하지만 그곳은 달랐다. 이 세상도 저세상도 아닌 곳이었다. 그 마음은 그렇게 뭉쳐져서 마음에 남게 되었다.

어느 날 작은 공연을 마친 후 관객들과의 만남 자리에서 누군가가 나에게 불쑥 어떤 이름을 내밀며 그 이름으로 사인과 메시지를 써달라 요청했다. "애진에게, 즐거운 소풍이 되었기를…"

이태원 참사 유족인 애진 아빠와 엄마였다. 그리고 나의 노래, 소풍은 그들 사이로 날아갔다.

어느 화창한 날, 시청 앞 분향소가 옮겨지기 전에 한번 가보고 싶다는 생각이 들었다. 맑은 햇빛에 마음을 기대고 희생자들의 얼굴을 처음으로 차분히 보게 되었다. 천천히 시선을 옮기며 사진 속의 아이들과 눈을 맞추며 생각했다. "노래처럼 모두 즐거운 소풍이었나요… 노래라는 것이 영혼처럼 어디든 날아갈 수 있다면 이곳의 마음들을 모두 담아 날려 보낼게요…" 그러다 2주기 추모식에서 고 최유진 양의 아버지가 만든 〈별에게〉를 불렀다. 노래하던 도중 객석에서 하나둘 휴대폰 불빛이 켜졌다. 노래가 별에게 닿았구나. 하늘을 향해 손을 한번 모으고 내려왔다. 이태원 참사 49재 때 뭉친 마음이 그제야 풀어지는 것을 느꼈다.

노래의 마음은 비어 있다. 노래는 그 마음에 슬픔을 담고 충분히 타오르고 나면 함께 사라진다. 그것이 노래가 기억을 저장하는 이유이다. 나는 나의 노래가 슬퍼하는 많은 분들의 마음을 모두 담을 수 있기를 바란다. 그리고 이 책 또한 노래처럼 그 마음들을 모두 담기를 바란다.

하림, 가수

목차

프롤로그 | 재원에게　　　　　　　　　　　　　12

I.　보고 싶지만, 괜찮아

특별한 날은 특별히 아프다　　　　　　　　21
재원이는 재원이, 애진이는 애진이　　　　　26
기집애, 그럴 줄 알았다　　　　　　　　　　31
지현과의 이별　　　　　　　　　　　　　　34
산티아고 순례길에서　　　　　　　　　　　38
온전히 너만을 위한 시간　　　　　　　　　46

II.　아빠에게 마지막 날은 없어

빨래를 개는 아내 옆에서　　　　　　　　　55
10·29 그날의 기억　　　　　　　　　　　　58
너를 만나러 가는 여행　　　　　　　　　　67
집에서 멀리멀리　　　　　　　　　　　　　71
49재　　　　　　　　　　　　　　　　　　76
애진이네 집　　　　　　　　　　　　　　　80
한겨레에 실린 100일의 일기　　　　　　　85
그래도, 결심　　　　　　　　　　　　　　　89

III. 아픈 시간도 머물러 있지만은 않음을

어떤 문자, 어떤 위로	99
신입사원 애진이의 추도식	103
용기를 내어 유가족협의회로	106
분향소 이야기 1	111
159번째 희생자	116
진실을 알고 싶을 뿐인데	121
눈물도 마른다: 이상민 탄핵 기각을 보면서	126
토요일 저녁은 마로니에공원에서	134
분향소 이야기 2	143

IV. 아로새기다

남자친구 T를 만나다	153
이제는 받아들이는 단계에 온 건가	157
꿈에서 본 애진이	161
새해 인사	164
나는 아직 정상이 아닌 것 같다	168
아로새기다	172
친구	175
애진이의 생일 파티	180

에필로그 | 보고 싶지만, 괜찮아 188
(1주기 애진이에게 보내는 편지)

프롤로그
재원에게

재원아, 사랑을 비교할 수 있을까? 사람들은 너를 생각해서 누나를 잊으라고 한다. 아빠도 그래야겠다고 여러 번 생각했어. 네가 슬픔을 감당할 수 있을지, 고통이 너를 갈기갈기 찢어 버리는 게 아닐지 두려웠어. 아빠가 네게 말했던 거 기억하지? "누나는 누나, 너는 너. 누나 몫까지 살겠다고 생각할 필요 없어. 넌 자유롭게 네 삶을 살아." 내 가장 진심 어린 바람이 오히려 네게 어떤 선을 긋는 잔인한 말이 된 건 아니었을까, 두고두고 고민하고 있어.

이제는 그냥 너를 믿기로 했어. 내 아들로서의 너, 애진이 동생으로서의 네가 아니라 그냥 신재원이라는 사람으로 너를 바라보고자 노력한단다. 누나를 그리워하다 깨우친 거야. '내 딸 애진이'가 어느 순간부터 '내 딸이었던 애진이'가 되더니, 이젠 '신애진이라는 사람'이 되었어. '내 딸 애진이'와 '신애진이라는 사람'이 다르지 않음을 자연스레 깨달았어. 너를 향한 시선 역시 그렇게 변하고 있단다. 내가 보살피고 가르쳐야 할 '내 아들 재원이' 뒤로 '나와 동등한 사람인 신재원'이 보이기 시작했어.

언젠가 네가 했던 말이 생각난다. 우리 넷만 가족이라고 생각했는데, 누나가 떠난 다음 가족의 폭이 넓어졌다고 말이야. 그 말을 듣고 참 고마웠어. '슬픔이 너에게 고통만 준 게 아니구나, 슬픔이 너를 키워주었구나'라는 생각이 드니 네게도, 슬픔에게도 고마웠어. 재원아, 잘 살아주어 고맙다. 삶의 의미가 무엇인지 혼란스러워진 아빠는 너를 보며 삶의 소중함을 느낀다. 이 느낌은 피부를 뚫고 뼛속까지 단숨에 이를 정도로 강렬해.

아빠는 사랑에도 총량이 있는 줄 알았어. 그래서 누나가 떠났을 때 내 사랑도 모두 떠났다고만 생각했어. 누나를 잃을 때 분명 나도 전부 잃었는데, 너를 보니 그렇지 않았어. 내 전부가 있었어. 사랑에 총량이 없다고 생각하게 됐어. 1 더하기 1이 2가 아닌 세상도 있다는 걸 느꼈어. 무한대에 무한대를 더하면 무한대가 되는 세상이랄까. 이런 수학의 언어로 쓰이는 세상이 사랑의 세상이라는 걸 느낀다. 사랑이 공기를 이루고 햇살에도 바위에도 사랑이 담겨있는 세상 말이야. 누나가 있는 세상이 그런 세상이면 좋겠다. 그리고 우리가 사는 세상도 그리되면 좋겠다. 아빠가 네게 햇살이 될 수 있기를 소망한다. 네가 쉴 그늘이 되기를 소망한다. 부모와 자식이라는 관계에만 머무르지 말고 각자의 길에서 만난 동반자가 되기를 소망한다.

재원아, 사랑해.

I.

보고 싶지만,
괜찮아

특별한 날은 특별히 아프다

잠자리에 드는데 카톡이 왔다. 재원이가 보낸 생일 축하 메시지였다. 휴대폰 반납 시간에 맞춰 미리 축하를 해주었다. "이 세상에 오신 걸 축하합니다."

마른 활자에서 꽃내음이 났다. 그 향기에 눈물샘이 터졌다. 반갑고 고마운 마음 뒤로 낯선 구름이 몰려와 장맛비 내리듯 끝도 없이 쏟아졌다. 군대에 있는 재원이나 하늘로 떠난 애진이나 지금 내 곁에 없고 내 눈에 보이지 않는 건 마찬가지인데 왜 애진이는 축하 인사를 보내주지 않는지 이유를 알 수 없었다. 베란다 너머로 시선을 돌렸지만 구름에 가려 별이 보이지 않았다. 저 하늘 너머 어느 별에선가 애진이가 나를 보고 있을 텐데, 구름이 야속했다. 싱잉볼 소리에 호흡을 맞춰도 잠이 오지 않았다. 하는 수 없이 수면 보조제를 먹고 잠이 들었다.

생일 아침상에 미역국을 차마 끓이지 못했는지 아내가 운다. 견디다 보면 잘 살아갈 수 있겠지, 아주 가끔은 웃음도 지을 수 있겠지 생각했는데 남편의 생일을 맞으며 그러기 쉽지 않다는 걸 느끼는 모양이다. 아내가 애진이 방에서 뭔가 들고나왔다. 2010년, 갓 13살이 된 5학년 애진이가 내게 준 선물 쿠폰이었다. 구두 닦아주기, 어깨 주무르기, 심부름 시키기, 종류도 많다. 애진이가 아빠를 많이 사랑했다고, 아빠 생일 선물은 꼭 챙겨주었다고 아내가 말했다. 사랑 고백을 듣는 듯 설레었다.

생각해 보니 애진이는 내 생일 때마다 편지와 작은 선물을 내밀었다. 6학년 때 생일 선물로 안겨준 스케치북이 생각난다. 스케치북 한 권이 '사랑한다'와 '생신 축하드린다'는 글과 그림으로 가득 채워져 있었다. 그중에 나의 뇌 구조를 그린 그림이 있었다. 내 머릿속 한가운데 '딸내미'가 가장 넓은 영역을 차지하고 있었다. 이제 애진이는 내 곁에 없지만 애진이로 가득한 내 뇌 구조는 지금도 마찬가지다.

이제 알겠다. 애진이가 내게 준 선물은 그냥 애진이다. 부모에게 자식은 하늘이 내려주신 선물이다. 축하의 말을 건네고 싶어도 그 말을 낼 몸이 없고 그 말이 닿기엔 너무 거리가 먼 것을 느끼면 많이 외로울 텐데. 내 생일 때문에 애진이가 더 외롭겠다고 생각하니 몸서리가 쳐졌다. 애진이 낳고 처음으로 애진이가 가엾다는 생각이 들었다. 자식의 외로움 앞에서 아빠라는 자가 해줄 수 있는 게 없다. 안아줄 수도 없다. 미안하다는 말을 전할 길도 없다. 열패감이 온몸을 휘감싸며 나를 칭칭 동여맸다.

지인들의 생일 축하 메시지가 잔뜩 도착해 있었다. 고맙지만 반갑지는 않았다. 생일, 세상에 온 날을 축하한다는 게 무슨 의미인지 문득 궁금해졌다. 한 번도 그런 생각을 해본 적이 없었기에 생각의 문이 쉽게 열리지 않았다. 지구라는 같은 버스에 탄 사람들의 동료의식일까. 하나밖에 없는 세상에 왔다는 특권의식일까. 만약 이 세상이 하나가 아니라 다른 세상이 있다면, 천국이든 극락이든 이 세상보다 더 좋은 세상이 있다면 이 세상에 온 게 이 정도로 축하받을 일은 아닐 거란 생각이 벼락처럼 들었다.

생일 아침이면 어머니께 전화를 드려 낳아주셔서 감사하다고 인사를 드리곤 했다. 하지만 오늘은 그럴 기운도, 마음도 없다. 마음 절반이 사라지고 나머지 반만으로 세상을 사는 듯했다. 나머지 반은 어디로 갔는지 물을 곳도 없었고 차마 자문할 수도 없었다.

문득 수면 보조제를 먹고 잠이 들었다는 게 목에 걸렸다. 먹고 싸고 자는 게 비루하다는 생각이 들었다. 몸은 단순한지 정직한지 약물 한 톨에도 반응하는데, 생각과 마음은 갈대처럼 이리저리 흔들리며 갈피를 잡지 못하고 있다. 갈피를 못 잡아 갈대인가. 억새보다는 갈대가 더 예쁜 이름을 가졌다고 생각했는데, 이름이라는 게 참 우스워졌다. 내 이름 같은 건 쓰레기통에 던져버리고 싶다는 욕구가 치솟았다.

"차라리 내가 태어나지 않았으면 좋았을 것 같아." 아내에게 생각 없이 말 한마디 던졌다가 욕을 먹었다. "이 바보야, 그럼 애진이도 없잖아, 재원이도 없잖아!" 아내가 울면서 소리쳤다. 죽비로 머리를 맞은 듯했다. 참척의 고통이 매일 피눈물을 쏟아내게 만들지만 내 아이들이 세상에 왔다는 건 아내와 나의 자랑이다. 나를 자랑스러워해야 한다. 그래야 한다.

애진이 없이 맞이한 첫 번째 내 생일, 하루 종일 울기만 했다. 아침 산책길엔 인적이 없는 곳에서 울었다. 밥을 씹는 게 서러워 울었다. 방에서 혼자 꺼이꺼이 울었다. 늘 듣던 음악 소리에 맞춰 울었다. 내가 우는 이유가 무엇인지 도무지 알 수 없었다. 세상에서 가장 소중한 걸 잃어본 적이 처음이라 그런 걸까, 아니면 가장 축하받고 싶은 이의 축하를 받지 못해서였을까. 생각도 힘이 드니 오래 할 수가 없었다. 지금 와서 생각해 보니 생일이란 낱말에 '생'자가 마음에 걸린 모양이었다. 애진이 없이 살아내야 하는 '생'은 참 어려운 숙제다. 눈물이 애진이를 가리는 것이 아니라 미소로 애진이를 온전히 떠올리는 강건한 내가 되도록 노력하겠다고 다짐했다.

결국 지인들이 보내준 축하 메시지는 생일이 지나고 나서야 열어봤다. 메시지를 열어보는 것도 용기가 필요하다는 걸 처음 알았다. 보면 그이가 생각나고 그와의 인연이 떠오를 텐데, 애진이 아닌 누군가에게 신경을 쓰는 게 힘들고 불편했다. 하지만 메시지를 보낸 사람에게도 쉬운 일은 아니었을 것이다. 이런 내게 '축하'라는 말을 꺼내기 쉬웠겠는가. 입장 바꿔 생각하면 간단한 일이다. 그런데도 메시지를 보낸 마음은 배려와 용기일 것이다. 말하지 않으면 상대방은 알 수 없으니, 힘을 내어 글을 썼을 것이다. 그런 용기가 받는 이에게 두고두고 위로가 된다는 걸 내가 받아 보니 확실히 알겠다.

특별한 날은 특별히 아프다.

재원이는 재원이,
애진이는 애진이

잠에서 깨니 아내가 울고 있다. 내 가슴에도 비가 내린다. 눈을 뜨지 않고 아내의 울음이 잦아들기를 기다린다. 그 울음은 아내의 몫이다. 아내 또한 그러하다. 우리는 함께 울지 않는다. 둘 다 무너지면 안 되니까 서로 곁을 지킨다. 미리 정한 것도 아닌데 순서를 두고 운다. 아내가 세수하러 간다. 이제 내 차례다. 가능하면 아내 귀에 들리지 않도록 울음을 삼켜야 하는데, 쉽지가 않다.

재원이가 제대했다. 최전방 철책에서 군 생활을 하느라 휴가도 자주 나오지 못했던 재원이는 지 누나와 작별하고 귀대해 홀로 차디찬 겨울을 났다. 아내와 나는 곁에서 우는 걸 서로 지킬 수라도 있었지만 재원이는 혼자였다. 이제 갓 스물을 넘긴 녀석이 어찌 견딜지 아내는 매일같이 애를 태웠다. 아내에게는 걱정하지 말자고 아무렇지도 않게 말했지만 나도 걱정이 많았다. 그래서 재원이가 돌아왔을 때 반가움보다 안심이 더 컸다.

녀석이 자는 모습을 보니 덩치가 산만큼 크다. 늘 내가 안아주던 아이였는데, 가슴이 나보다 넓다. 가만히 재원이 품 안으로 들어갔다. 포근하고 따스했다. 심장 소리, 쌔근거리는 숨소리가 들렸다. 재원이 품에서 애진이가 느껴져 주르륵 눈물이 흘렀다. 애진이는 스무 살이 넘어서도 '아뿌'라고 부르며 달려와 내 품에 안기고는 볼에 뽀뽀를 해주곤 했다. "왜 이래, 다 큰 녀석이" 하며 싫은 척하면서도 나는 언제까지나 계속 그래 주기를 내심 바랐다.

재원이가 오고 아내와 나의 눈물이 사라졌다. 정확히는 (눈물이) 숨어버렸다. 자식 앞에서 부모가 우는 모습을 보일 순 없었다. 재원이 없을 때만 눈물이 났다. 재원이를 보기만 해도 목소리를 듣기만 해도 든든하고 좋다. 하지만 재원에게서 애진이가 얼핏얼핏 보인다. 남매라서 그런지 닮은 구석이 한둘이 아니다. 양가감정이 드는 걸 어찌할 수가 없었다.

하지만 재원이를 보며 느끼는 충만함이 애진이를 보지 못 하는 허전함으로 이어져서는 안 된다. 애진이 생각을 제어할 용기가 필요했다. 감정에 함몰되지 않고 한 발짝 떨어져서 감정을 관조할 수 있는 용기. 그렇지 않으면 나는 재원에게 애진이를 향한 시선을 보내게 될 것이다 재원이도 그걸 느낄 것이고, 재원이도 나의 그런 시선에서 애진이를 느끼게 될 것이다. 그건 재원이와 나 사이의 질곡이 될 것이고, 재원이 삶에 박힌 돌이 될 것이다. 재원이는 재원이, 애진이는 애진이다.

다음 날 저녁상에서 아내가 어렵사리 말을 꺼냈다.

"앞으로도 누나 이야기를 편하게 할 거야. 네 앞에서 일부러 누나 이야기를 삼가는 일은 없을 거야. 그러니 너도 누나 이야기를 꺼내는 데 주저하지 말기 바라. 우리 넷은 한 가족이니까, 비록 누나가 이 세상에 없지만 우리는 원래부터 한 가족이니까."

재원이가 고개를 끄덕였다. 고개 숙인 틈으로 눈물이 비쳤다. 아내와 나는 알고 있다. 우리 가족이 언제까지나 넷일 수는 없을 거라는 걸. 재원이가 가정을 이루면 새로운 가족들에게 애진이를 알아달라고 강요할 수도 없다. 재원이한테 애진이 역할을 기대해서도 안 된다. 재원인 재원이의 삶을 살아야 한다. 우리 마음속 애진이는 끝까지 현재의 가족이겠지만 어떤 면에서는 과거도 되어갈 것이다.

며칠 뒤 밤에 재원이와 동네 산책을 했다. 서로 아무 말 없이 한 바퀴를 돌았다. 말하지 않아도 안다. 숨결만으로도 안다. 두 바퀴째에야 입을 뗄 수 있었고 재원이가 어렵사리 입을 열었다.

"엄마가 자꾸 내 눈치를 봐."

"그래, 맞아. 근데 재원아, 네 눈치를 보는 건 엄마만이 아냐. 아빠도 그래."

재원이는 누나를 잃고 힘들었고 지금도 힘들다고 했다. 애진이는 갓 전학 온 아홉 살 동생이 외로울까 봐 수업 끝나기를 기다렸다가 함께 집으로 가면서 하굣길 떡볶이를 나눠 먹던 누나였고, 맞벌이하는 엄마 아빠 대신 놀아주고 돌봐주던 누나였다. 재원이가 크면 그땐 지가 누나를 지키겠다고 했는데. 재원이와 걷는 길은 하난데 마음이 천 갈래, 만 갈래로 갈라졌다. 적당히 할 말을 찾지 못해 고개 들어 별만 보았다.

가족 여행을 가기로 했다. 계절이 다른 곳으로 떠났다. 그동안 우리는 아빠와 딸, 엄마와 딸, 아빠와 아들, 모두 다 같이 등 다양한 조합으로 여행을 다녔는데 나와 아내, 재원이로 가는 조합은 처음이었다. 여행지에서 아침을 맞을 때마다 애진이의 빈자리가 더 크게 느껴졌지만 낯선 공간이 마음의 끈을 조금이나마 풀어주었다. 아침마다 숙소 앞 공원을 아내와 걸었다. 여행 닷새째 아침, 멀리서 동이 트는 아침 산책길에서 아내는 재원이와 이제 애진이 이야기를 편하게 나눌 수 있게 되었다고 말했다. 애진이 블로그를 함께 보며 애진이와의 추억 이야기도 많이 나누고 많이 웃었다고 했다.

사람들이 즐겨 찾는 관광지는 가지도 않았는데 귀국할 날이 가까워셨나. 여행 마지막 날 우리는 언덕 위에서 바다를 바라

보였다. 눈앞에 파란 하늘, 그보다 더 파란 바다, 반짝이는 물살, 하얗게 번지는 파도, 뒤로는 짙은 녹색의 숲과 산이 거기 있었다. 아내는 그 언덕에서 하염없이 눈물을 흘리며 망부석처럼 서 있었고 나는 애진이가 이곳에 머물러 살기를 소망했다. 고개를 돌려보니 재원이 눈가도 촉촉했다.

녀석은 어떤 마음일까. 세상을 다 잃은 듯한 내 표정과 눈물을 보며 재원이가 혹시 소외감을 느끼진 않을까. 그 순간 당장 죽어도 좋겠다고 생각을 하고 있던 내가 한없이 부끄러웠다. 재원이에게는 아빠와 엄마가 필요하다는 걸 생각하지 못했다는 말인가. 아내는 재원이가 독립하고 가정을 이룰 때까지는 살아야겠다고 진작부터 말해왔다. 깊은 고통 속에서도 아내는 재원이를 놓지 않았다. 난 미처 생각하지 못했던 그 마음을 여행의 끝, 언덕에 이르러 겨우 만났다. 그 언덕을 내려오며 여행을 마무리했다. 애진이 없이 셋이 간 여행이었지만 애진이와 내내 함께했던 완전체 여행이었다.

기집애, 그럴 줄 알았다

새벽에 눈을 뜨니 아내가 말똥말똥한 눈으로 나를 보고 있다. 입꼬리가 살짝 올라간 걸 보니 할 말이 입에 한가득이다. 예전엔 자주 보던 익숙한 표정인데 오랜만인지 조금 낯설었다. 한밤중에 애진이 꿈을 꾸었단다. 눈을 뜨자마자 꿈이 흩어질까 싶어 조심조심 일기장에 적어두었다고 한다.

"큰 방에 여럿이 모여 있었어. 우리 가족도 다 있었고 다른 사람들도 있었어. 애진이는 평소처럼 리클라이너 의자에 누워서 카톡을 하고 있었어. 친구를 많이 사귀었는지 단톡방도 새로 만든 모양이야. 애진이는 원래 모습 그대로였어. 얼굴이 좋아 보였어. 애진이한테 물었어, '우리 못 본 지 한 달이 다 되어가는데, 보고 싶지 않아?' 애진이가 '보고 싶어' 하더니 어딘가 물끄러미 바라보더라. 그리고 다시 말했어. '보고 싶지만, 괜찮아.' 눈빛이 평온했어."

이야기를 다 듣고 아내에게 말했다.
"애진이답다. 애진이가 진짜 말한 것 같아."
"기집애."

아내는 말을 잇지 못하고 눈물을 흘렸다. 맑은 눈물이었다. 내가 한 번도 애진이를 '기집애'나 '계집애'라고 부른 적이 없어서인지 아내가 그렇게 부르는 게 거슬리곤 했다. 그런데 오늘은 그 말이 입에 착 붙는다. "기집애, 그럴 줄 알았다." 어디서나 잘 적응하고 친구도 잘 사귀는 녀석이니까 거기서도 그러리라 믿었다. 애진이가 거기서 이제 자리를 잡았으니 엄마 꿈에 와줬겠지. 애진이가 잘 지내고 있다는 뜻일 테니 마음이 좋았다.

아침에 차를 마시는데, 아내가 미소 짓고 있었다. 자기는 애진이와 말도 했단다. 부러웠지만 내색을 하지는 않았다. 아내가 좋으니 나도 좋다. 아내 마음이 조금은 편해지리라. 참 다행이었다. 나랑은 작별 인사를 했으니 이제 엄마 차례라고 여긴 모양이었다. 이 또한 애진이다웠다.

"애진이 이야기를 책으로 엮으면 좋겠어."

견디기 힘든 날, 잠 못 드는 밤마다 펜이 가는 대로 그렸다며 아내가 스케치북을 꺼내 그림을 보여줬다. 스케치북은 애진이로 가득했다. 아내는 동화책이 되면 좋을 것 같다고 했다. 제목도 생각해 두었다고 했다. '신칠라의 신나는 인생'이 어떠냐고 물었다. 신칠라…… 친구들이 붙여준 애진이 별명이다. 친칠라를 닮아 귀엽다는 뜻인데 애진이는 그 별명을 좋아했다.

나는 아내의 동화책이 애진이가 친구들에게 들려주는 이야기가 되면 좋겠다고 말했다. 책 제목으로 "보고 싶지만, 괜찮아"가 어떨지 물었다. 아내도 좋단다. 애진이와 잘 어울리는 제목이란다. 보고 싶지만, 괜찮아. 곱씹을수록 말에서 향기가 났다.

그날부터 아내는 동화책에 푹 빠져 살았다. 첫 번째 책은 '신칠라가 이름을 찾아 화성으로 떠나는 여행'으로 가닥을 잡았다. 애진이 이름이 '재희'라는 태명으로 화성에 있기 때문이었다. 애진이가 태어난 1998년에 미국 NASA에서 화성으로 우주선을 보내며 우주선에 아이들 이름을 적어 보내주는 캠페인에 응모해 당첨된 적이 있다. 생은 이야기로 남는다. 슬픔 또한 이야기로 빚어지면 비로소 견딜만한 고통이 된다. 육신은 사라져도 생의 궤적, 관계는 이야기라는 끈이 된다. 애진이는 동화책 속 그림을 타고 글씨를 밟으며 화성으로 여행을 떠날 거라 믿기로 했다.

지현과의 이별

지현이 부고장을 받았다. 불과 두 달 전에 술을 마시며 함께 할 미래를 이야기했는데, 그 사이 병을 알게 되고 치료도 제대로 못 받은 채 세상을 떠났다. 5년 전이었나, 길에서 유아차를 끌고 가던 지현이네 식구를 만난 적이 있다. 유아차 속 쌍둥이가 이제 초등학생일 텐데 어쩌면 좋으냐. 어찌 그 어린 것들을 두고 눈을 감았냐. 먼 길을 떠났는데 인사도 제대로 하지 못했다. 내가 만들고자 하는 언덕위에파트너스에 자기도 불러 달라고 했는데, 그 말도 지킬 수 없게 되었다.

장례식장에 다녀왔다. 사람들을 많이 만나고 싶지 않아서 일찍 갔다. 문상하는데 눈물이 났다. 영정사진을 보니까 어쩔 수 없었다. 일한이는 문상객을 맞으며 상주 역할을 하고 있다. 밥이 들어가지 않아서 소주만 비웠다. 승렬이 눈가가 촉촉하다.

내 눈가도 촉촉하니 뭐라 할 수가 없었다. 내 옆에서 성룡이 형이 술을 따라주겠다고 한다. 소주만 한 병 넘게 마셨다. 취하지도 않는다. 집에 왔다. 버스에서 내려 애진이만 불렀다.

집으로 올라가는 엘리베이터에서 지현이에게 카톡을 보냈다. 언젠가 제수씨가 보겠지. 당신의 남편이 열심히 살았다는 걸, 그 삶을 응원하던 사람이 있다는 걸 보여줘야지. 사실 그보다 지현이한테 내가 마지막으로 쓰는 이야기이니, 나름의 정성을 다해 이야기했다. 네가 열심히 살았다는 걸 내가 이야기한다. 내가 아는 이야기로는 부족하지만 네 삶이 의미롭다는 걸 이야기하고 싶다. 삶은 별거 아닐지 모르지만 네가 아무것도 아니지 않았다는 걸 내가 증언하고 싶은 거다.

확실히 해가 뜨는 시간이 늦어지고 있다. 천체 물리 법칙에 예외란 거의 없다. 불과 천 년도 되지 않는 시간 동안 인간이 지구를 위협할 정도로 많아져 많은 걸 바꾸어 놓았지만, 태양계 차원에서는 미미한 영향일 것이다. 이런 우주에서 우리가, 인간이, 생명이 아등바등하는 건 무슨 의미가 있을까. 결국 주체로서의 나, 주관의 세계가 중심이 아닐까. 저마다 하나씩의 우주를 이룬다. 관계라는 건 우주와 우주가 교차하는 게 아닐까. 우주가 교차하면서 서로의 위상에 영향을 주고 우리는 그걸 관계로 인식한다. 내 우주가 소중한 만큼 너의 우주도 소중하니까, 서로 파괴할 수 있으니까 우리는 관계에 대한 공준, 규칙을 만들어 왔던 게 아닐는지. 관습이 되고 법이 되기도 한 다양한

형태의 규칙들이 그리 생겨났으리라.

아무도 일어나지 않은 시간에는 애진이 생각이 더 선명하다. 내겐 이 시간이 소중하다. 애진이는 유학 중일 수도 있고, 해외 근무 중일 수도 있다. 명절에 연락이 없어도, 생일에 편지를 보내오지 않아도, 영영 귀국할 기약이 없어도 된다. 네가 잘 있기만 하면, 어느 세상, 어느 곳이든 건강히 잘 있으면, 행복하게 잘 있으면 되는 거다.

난 그저 내가 무엇인지, 나는 누구인지, 애진이는 어디에 있는지, 생명이란 무엇인지 알고 싶다. 그런 내게 사실 이 세상 바로 옆에 다른 세상이 겹쳐 있다거나, 이 세상은 허상이고 진짜 세상으로 가는 문이 바로 옆에 있다거나 하는 말이 죽음 이후에는 아무것도 없고, 세상은 이 세상 하나뿐이라고 말하는 과학보다 더 나을지도 모른다. 과학은 너무도 매정하다. 과학을 믿지만 정이 떨어지는 건 어쩔 수가 없다. 그래도 나는 과학을 믿는다. 과학은 열려 있고, 방법이기 때문이다.

동승이 형 꿈에 지현이가 나왔다고 한다. 놀러 와서 반갑게 서로 이런저런 이야기를 나누었다고 한다. 동승이 형이 지현이 몸에서 암 덩이처럼 생긴 걸 꺼내어 우걱우걱 씹어 먹었단다. 지현이가 편안해하는 듯했단다. 지현이가 볼링공만 한 흑진주 같은 걸 주었단다. 꿈에서 깨니 기분이 편안하고 좋았다고 한다. 무슨 꿈인지는 모르겠지만 지현이가 웃고 있었다니, 마음이 편했다니 좋다. 꿈은 내 신경이 그리는 선율이다. 그 뒤에 영혼이 있는지 다른 무언가가 있는지 모르겠다. 그래도 보았으니 일단 뭐라 이름은 붙여야겠지.

산티아고 순례길에서

D-47

앞으로 얼마나 지나야 애진이를 만날 수 있을까? 얼마나 걸릴지 알 수 없지만 일 년이고 십 년이고 수십 년이고 걷다 보면 애진이에게 이를 수 있다. 그래, 우리는 걸어서 간다. 삶도 걸어서 가고 죽음도 걸어서 간다. 걷기의 단위는 거리가 아니다. 시간이다. 세월이다. 하여, 산티아고 순례길을 떠올렸다. 이백 리가 넘는 순례길을 완주하는 건 엄두가 나지 않지만, 그 길 위에 선 내 모습을 상상했다.

'산티아고로 가자. 순례자들의 뒤를 따라가보자. 그 길의 끝에 뭐가 있을지 한번 걸어보자. 성 야고보의 시신을 모시고 걸었던 그 길에 나도 오르고 싶다. 온전히 우리 애진이만 생각하며 애진이를 안고 그 길을 걷고 싶다.' 이름 모르는 길 위에 벌써 누군가 서 있는 듯하다. 긴 생머리, 익숙한 뒷모습이다.

D-30
―

파울로 코엘료의 『순례자』를 다 읽었다. 검을 찾으러 간 산티아고 순례길에서 그는 결국 검의 쓰임을 생각했고, 그랬기에 검을 되찾을 수 있었다. 나의 산티아고 순례길은 어떨지 생각했다. '애진이를 찾으러 간 그 길에서 난 무엇을 찾을 수 있을까? 모든 게 혼란스럽지만 가보자, 가서 찾아보자.'

이미 순례길에 오른 느낌이다.

D-15
―

시간이 지날수록 애진이의 멈춘 나이, 더는 쌓이지 않을 삶의 시간이 더 아프게 느껴질까? 아니면 생의 가장 아름다운 시간에 멈춰 선 게 오히려 다행이라 여기게 될까? 무엇이든, 애진이가 평안하기를 바랄 뿐이다.

드디어 비행기 티켓을 끊었다. 산티아고 순례길의 초입에 들어선 셈이다. 하지만 이 길을 걸을 수 있을지 자신이 없어진다. 우리의 목적지는 '산티아고 데 콤포스텔라(Santiago de Compostela)'가 아니라 '애진 데 콤포스텔라'이다. 순례길의 끝에서 별이 되어 빛나는 애진이를 만날 수 있기를 간절한 마음으로 바라고 또 바란다.

D-3

이제 3일 남았다. 산티아고 순례길에서 애진이를 만날 수 있을까? 애진이와 함께 걸을 수 있을까? 언제고 함께 하고 싶은 건 내 욕심일까? 내가 붙잡느라 애진이가 떠나지 못하고 있는 건 아닐까? 만일 애진이의 다음이 있다면, 내가 그걸 늦추고 있는 게 아닐까? 천천히 걸으며 천천히 생각해 보자. 내 길의 끝이 어디로 이어질지 모르겠지만, 한번 가보자.

순례길 위에서

5킬로미터 가까운 순례길을 걸으니 바르바델로라는 마을이 나왔다. 길가 카페에 들러 커피를 마셨다. 안개가 끼고 날이 흐려 걷기 좋았다. 산길이 나와 오르막길을 걷는데, 애진이 장례식에서 장모님과 수녀님들이 부르던 연도가 떠올라 나직이 부르며 걸었다.

'성모님, 세상을 떠난 신애진 가브리엘라를 위해 빌어 주소서.'

애진이가 여기 있을까? 애진이는 어디에나 있으니 여기에도 있을 거야. 여기서는 혼잣말하는 게 어색하지 않다. 살랑거리는 바람이 조금 쌀쌀했다. 여든이 다 되어 보이는 할머니가 아주 천천히, 자신만의 보폭으로 걷고 있었다. 그 짧고 느린 걸음에 길게 늘어진 삶의 이야기가 담긴 듯했다. 우리도 늙어서 이 길을 다시 오게 될까? 그땐 어떤 마음으로 이 길을 걷게 될까? 할머니 가방에 매달린 조가비가 예쁘다. 사서 달고 다녀야겠다. 지팡이도 하나 사야지.

새소리가 끝나면 풀벌레 소리가 이어지고, 풀벌레 소리가 잦아들면 다시 새소리로 이어지니 하늘이 온통 '소리 밭'이다. 그새 갠 하늘에 하얀 구름과 따사로운 햇살이 가득하다. 멀리 보이는 산 사이마다 푸른 잔디밭으로 가득하다. 졸졸 흐르는 시냇물이 투명하다. 이 아름다운 세상을 아내와 내가 걷는다. 문득 애진이가 없다는 사실이 북받쳐 올랐다. 숨이 막히고 가슴이 답답했다. 그래도 예전보다는 횟수가 줄어들고 있다고 아내를 안심시켰다. 실제 그랬다. 숨도 쉬지 못할 것 같은 순간들이 여기 와선 확연히 줄어들고 있다. 하지만 그런 순간을 맞닥뜨리면 내 눈앞에 보이는 게 꿈인지 현실인지, 내가 현실을 살고 있는 건지 알 수 없어진다, 여전히.

세상의 모든 입자들이 순환하듯 애진이를 이루던 입자들도 바람으로, 구름으로, 꽃으로 여기 있을 것이다. 과거에 어쩌면 나였고 어쩌면 애진이었던 입자들이 지금 여기서 오랜 인연의 인사를 건네고 있는지도 모른다. 야고보의 시신을 메고 걸었던 길을 천 년을 두 바퀴 돌아 오늘 우리가 걷고 있다. 그들은 주님의 나라를 이루기 위해 걸었고, 우리는 애진이를 만나기 위해 걷는다. 이번 순례길에서 만나지 못하면 몇 번이고 다시 걸을 것이다. 우리는 언젠가 다시 만난다. 내가 애진이를 찾아낼 거다. 내가 아빠니까.

길도 걷다 보면 익숙해진다. 아내와 애진이와의 추억도 이야기하고, 앞으로 우리가 어디로 갈지 이야기도 나누었다. 길에서 작은 성당을 만나면 빠짐없이 기도를 드리고 다시 걸었다. 길에서 만난 아저씨가 부부가 함께 산티아고 순례길에 오르면 반드시 싸운다고, 저도 그랬다고 우리에게 웃으며 말을 건넸다. 마침 비가 그치고 맑은 하늘이 고개를 내밀었다. 손잡고 걷던 아내와 나는 서로 싸우지 말고 순례길을 마치자고 다짐했다. 나는 아내에게 내가 하는 기도에 대해 이야기했다.

"길에서 떠난 애진이가 산티아고로 향하는 이 길에 함께하기를 빌고 있어. 좁디좁은 이태원 골목에 갇혀 있지 말고 세상 넓은 길을 걷게 해달라고 빌고 있어. 난 내 길이 끝나는 날까지 애진이와 함께 걸을 거야. 생의 의미를 함께 만들어 갈 수 있게 전구해 달라고 성모 마리아님께 빌고 있어."

아내는 여기 와서 애진이 생각이 더 많이 난다고 하는데 나는 그렇지 않았다. 늘 애진이 생각을 해서 그런 건지 풍광에 마음이 뻥 뚫려서 그런 건지 모르겠다. 길을 걸으면 애진이 생각을 해도 가슴이 미어지기보다 밝고 긍정적인 생각이 날 때가 더 많다. 사방이 트여 마음도 열리나 보다. 길이 주는 치유일 수도 있겠다. 이곳에선 길이 흐른다. 길이 멈추면 사람이 흐른다. 하여, 마음 또한 자유로이 흘러가야 한다. 가끔 방향만 확인하면 될 일이다.

순례길의 날씨는 종잡을 수 없다. 그렇기에 모든 순례길은 순례자마다 제각기 다른 길이 된다. 이 또한 길의 미덕이리라. 빗속 산길을 올라가는데, 맞은 편에서 오는 젊은 여자가 반갑게 웃으며 "Buen Camino(부엔 카미노)!"라며 인사를 건넸다. 나 또한 "Buen Camino(좋은 길 되세요)!"라고 화답했다. 순간 우리는 모두 카미노(순례자)라는 것이 진하게 느껴졌다. 카미노의 해맑은 미소를 받으니 축축했던 기분이 뽀송뽀송해졌다. 문득 미소가 아름다운 사람이 떠올랐다. 애진이의 자신감이 배인 맑은 미소가 그리워졌다.

아내가 "왜 우리는 이 길을 걷고 있을까?"하고 물었다. 마침 나도 같은 생각을 하던 차였다. 좋다는 말은 여러 번 들었지만 직접 걸을 생각을 해본 적은 없다. 길에서 만나는 순례자들을 보면서도 같은 질문을 던졌다. 저마다의 사연, 저마다의 슬픔이 우리를 여기로 불러 모은 건지 모른다. 이 길에선 나만 이렇게 아픈 게 아니라고, 누가 말해주지 않아도 알게 된다.

산티아고 대성당에서

산티아고까지 13킬로미터 남았다는 이정표가 보였다. 남은 길이 아쉬워 걸음을 아끼며 길을 걸었다. 길을 걷는 내내 생각이 이어졌지만 여전히 모호했다. 이 길에서 모든 게 명확해지리란 건 그저 꿈이었다. 그래서, 이 길이 끝나면 또 어떤 길을 걸을지 생각했다. 죽는 날까지 걸을 수 있으면 좋겠다고 생각했다. 산티아고에 들어와서도 끝이 보이지 않아, 길이 줄어든다는 느낌이 들지 않았다. 이 길이 끝없이 계속되어도 좋겠다는 생각이 들었다. 30분 남짓 걸었을까, 멀리 대성당 지붕이 보이기 시작했다. 발걸음에 속도가 붙었다. 아내는 허리에, 나는 무릎에 통증이 있었지만 그건 개의치 않았다.

마침내 산티아고 대성당에 도착했다. 웅장한 건물이 옆으로 길게 늘어선 게, 마치 우리를 안아주려고 팔을 벌린 듯 보였다. 넓은 앞마당에는 먼저 도착한 이들이 신발을 벗어 던지고는 앉아 있거나 누워 있었다. 우리는 성당을 바라보고는 무릎을 꿇고 기도했다. 애진이의 평안과 안식을 빌었고, 아내와 재원이가 강건하기를 빌었다. 눈물이 북받쳐 올랐다. 수도꼭지를 잠글 수도, 그럴 마음도 없었다. 펑펑 울면서 이 길로 우리를 인도한 애진이를 생각했고, 이 길을 걸어 지금 이렇게 기도할 수 있음에 감사했다. 독실한 가톨릭 신자인 장모님께 짧은 카톡을 드렸다.

"산티아고 순례길은 결국 여기 산티아고 대성당에서 기도를 드리기 위한 길이라는 생각이 들었습니다. 순례길을 걷는다는 건 마음의 때를 벗고 기도하는 사람으로 거듭나는 일임을 알았습니다. 기도를 듣는 분은 늘 한결같지만 기도를 드리는 이의 마음과 간절함은 늘 다르니, 순례는 온전히 기도하기 위해 스스로를 닦는 일이라는 생각을 하게 되었어요. 순례자로서 애진이를 위한 기도를 드리며 걸을 수 있어서 감사했습니다."

신발과 배낭을 가지런히 놓고 대성당을 배경으로 사진을 찍었다. 휴대폰에 저장된 애진이 사진을 들고 셀카를 찍었다. 애진이와 이 길을 함께 걸었다는 인증사진이었다. 순례자 센터에 가서 완주증도 받았다.

순례를 마치고 이곳 별이 빛나는 산티아고에 지친 영혼을 맡겼다. 이제는 신을 믿지 않아도 기도할 곳을 찾아다닐 수 있게 되었다. 어디서든 기도할 수 있게 되었다. 무엇보다도 아내가 다시 기도할 수 있어서 다행이고 고마웠다. 아내와 나는 꼭 다시 오고 싶다고 서로에게 말했다. 그땐 어떤 기도를 드릴 수 있을지, 애진이에게 미소를 지으며 우리가 너의 이름을 간직하며 잘 살았다고 말할 수 있을지 궁금해졌다. "그래야지, 꼭 그래야지." 궁금증은 이내 다짐으로 바뀌었다.

온전히 너만을 위한 시간

잠에서 깨도 여전히 존재하는 세상에 우리 애진이만 없다. 무엇으로도 대신 채울 수 없는 부재로 나의 세상은 오늘도 허물어져 있다. 그래도 심호흡 한 번 하고 유튜브에서 싱잉볼 소리를 켜고 향초에 불을 붙인다. 물을 끓여 커피를 내린다. 그리고 책상에 앉아 일기를 쓴다. 애진이를 만나려고 쌓은 나만의 방법이 어느새 매일 아침 하루를 시작하는 루틴이 되었다.

김선영 교수님의 권유로 싱잉볼을 찾아 듣기 시작했다. 싱잉볼 소리는 적막하고 단순했다. 처음 들을 땐 누군가 내 몸을 때리는 듯 아팠다. 점점 고통에 익숙해지니 견딜만 했다. 서서히 소리의 파동이 느껴졌다. 사방으로 퍼지는 음파가 눈에 보이는 듯하다. 연못에 빗방울이 퍼지는 모양이 떠오른다. 어쩐지 다른 세상에 있는 존재들이 서로 연결될 수 있을 것만 같다. 하지만 당최 가늠이 되지 않는다. 그래서 파동의 감각은 내게 고통이다. 싱잉볼 소리를 따라 흩어지는 파동과 함께 고통은 옅어져 간다. 싱잉볼 소리를 들을수록 고통에 익숙해지는 나를 만날 수 있었다.

커피를 내려 한 모금 입에 물고 향초를 집어 들었다. 어느새 마지막 향초다. 향초를 피우면 연기를 눈으로 좇는다. 연기는 내 마음의 길잡이가 되려는 듯 피어오르다가 이내 싱잉볼 소리를 감싸고 흩어지며 제멋대로 퍼져 나간다. 누군가의 말 한마디, 인터넷 댓글 한 줄에도 흔들리며 상처받는 내 마음을 보는 듯하다. 향초 연기는 어느새 사라지고 공간만 남는다. 비어 있다는 건 없는 게 아니다. 보이지 않고 들리지 않으며 느껴지지 않을 뿐이다. 향을 이루던 분자 알갱이들끼리 말하고 소통하는 세상이 따로 있을 것이다. 우리가 끝없이 큰 우주와 끝없이 작은 양자의 세계를 모르는 것처럼, 세상은 사실 여러 겹으로 겹쳐 있고 우리는 그중 한 겹의 세상만을 느낄 수 있는 건지도 모른다.

애진이가 떠나고 우리 집은 더 이상 제사와 차례를 지내지 않는다. 아버지 제사를 앞두고 어머니가 이번 제사가 마지막이라며, 앞으로는 아버지 제사를 지내지 않겠다고 하셨다. 제사상을 마주해야 하는 우리 부부의 마음을 헤아리셨을 것이고, 당신이 돌아간 이후에 자식들이 제사를 지내는 상황까지 고려하셨으리라. 평생 지내온 제사였다. 더구나 앞서간 남편의 제사를 그만두는 결정이었다. 이런 결정을 내리기까지 어머니 마음이 어땠을까를 생각하니 가슴이 먹먹했다. 천 갈래, 만 갈래로 찢어지는 어머니의 마음이 보였지만 차마 그러지 마시라고 말하지 못하고 보고만 있었다.

아내와 나는 분향소에서 159배를 할 때도 한 번의 절은 하지 않았다. 다른 희생자들에게는 절을 하지만 내 아이에게는 절을 할 수 없었다. 헤어질 수 없는데 어떻게 제사를 지내고 절을 할 수 있으랴. 사람은 누구나 평등하고 똑같이 소중하다. 부모 자식 관계도 근본은 사람과 사람의 관계다. 그래도 내 아이의 제사를 지낼 수는 없다. 생이 소멸되어도 관계는 남는다. 나는 애진이 아빠다. 비록 애진이가 곁에 없어도 나는 결코 애진이와의 관계를 놓을 수가 없다.

향초의 키가 작아질 때면 늘 마음이 흔들린다. 어떤 때는 아리고 어떤 때는 시리다. 정작 애진이를 보낼 때는 무덤덤했다. 그때 그 마음에는 이름도 없었다. 나도 모르는, 접해보지 못한, 감당도 되지 않아 뭐라 표현할 수도, 아니 느낄 수도 없는 감정이었다. 감정도 제가 감당할 수 있는 모습으로만 나타날 수 있다는 걸 애진이를 보내고 알았다. 감당할 수 없는 감정은 사막의 모래언덕처럼 쌓여 있다가 하룻밤이 지나면 전혀 다른 모습이 된다는 걸 이제는 안다.

이 작은 향초가 타는 동안 아린 마음은 눈물을 부르고 눈물은 강물이 된다. 눈물은 완행열차. 마음속 주소도 없는 길을 굽이굽이 돌고 돌아 이름도 없고 얼굴도 모르던 감정들을 빠짐없이 싣고는 흘러 나간다. 향초가 연기로 피어올랐다가 흩어지는 모습이 마치 만남과 헤어짐을 되풀이하는 것 같다. 아침마다 해가 뜨듯 매일 애진이와 만나는 건지, 헤어짐이 너무 버거워 매일 조금씩 나누어 이별하고 있는 건지 모르겠다. 하지만 향초 연기로 애진이를 매일 만날 수 있고, 매일 그리워할 수 있기에 난 이 연기가 눈물겹게 좋다.

II.

아빠에게
마지막 날은 없어

빨래를 개는 아내 옆에서

긴 하루가 지나고 다시 새벽. 눈을 뜨고 싶지 않았다. 눈을 뜨면 현실을 인정해야 한다. 그런데 옆자리가 비어 있다. 불안이 엄습했다. 번쩍 눈을 뜨고 거실로 나갔다. 아내가 불 꺼진 거실 한구석에 우두커니 앉아 있다. 표정이 사라진 얼굴, 한 번도 본 적 없는 얼굴이다.

빨래를 개는 그녀와 마주 앉았다. 애진이의 마지막 빨래였다. 이제 애진이와는 마지막이 될 일들만 남았구나. 더 이상 함께 새로운 걸 할 순 없구나. 눈을 감으면 온갖 생각, 느낌들이 오만 색깔들로 뒤엉켜 온통 뒤죽박죽이 되어버렸다. 눈을 떠도 마찬가지였다. 이 혼란의 매듭을 푸는 데 얼마나 걸릴까. 아니, 풀 수는 있을까. 알렉산더 대왕은 수백 년이 지나도록 아무도 풀지 못했던 고르디우스의 매듭을 단칼에 잘라버렸다는데, 이

매듭은 그렇게 자를 수가 없다. 이 생을 다 바쳐 풀어야 한다.

아내 옆에서 습관적으로 족집게를 찾아 집어 들었다. 귀털은 잘 뽑히지 않았다. 바쁘다고 투덜대면서도 애진이는 늘 무릎을 내어주었다. 그 무릎에 머리를 누이고 귀털을 뽑아달라고 조르던, 내 삶의 소소하지만 가장 큰 행복은 온기를 잃은 슬픔으로 남았다.

애진이는 고작 스물네 해 열흘, 성장이 멎고 늙음이 시작될 찰나만큼만 살았다. 내가 찍은 밝은 애진이의 사진들 중에서 영정사진을 고르게 될 줄은 꿈에도 몰랐다. 내가 먼저 떠나면 애진이가 아빠와의 추억을 더듬어 보라고 찍어 둔 사진들이 내 목숨이 붙어 있는 동안 애진이를 추억하기 위한 것이 될 줄은 상상조차 할 수 없었다.

깊은 밤 걸려 온 낯선 전화에 호텔을 뛰쳐나와 렌터카를 몰고 공항으로 가던 중에 제주 중문에서 떠올랐던 20여 년 전 늦여름의 애진이 기억, 비행기에서 내내 온몸에 오르던 전율, 애진이를 찾으러 병원을 돌아다닐수록 실낱같이 가늘어지던 희망과 바람, 안양의 어느 병원 영안실에서 찾은 내 딸. 미소를 머금은 듯한 그 얼굴, 비비고 만져도 차가웠던 감촉.

난 아직 작별할 준비를 못 했는데, 이제 세상이 정한 작별의식을 지내야 한다. 장례식장으로 가야 할 시간이 다가오고 있다.

'내 남은 시간 모두를 바쳐 너와 작별해 갈게, 애진아. 천천히, 아주 천천히. 불러도 불러도 그리운 내 사랑, 신애진.'

10·29
그날의 기억

2022년 10월 29일, 가을 하늘이 참 맑던 오후였다. 애진이와 아내, 그리고 나는 점심을 차려 먹고는 동네 카페로 마실을 나갔다. 아파트 단지 벚나무에 단풍이 예쁘게 물들어 있었다. 햇빛을 받아 반짝이는 단풍 아래서 우리는 사진을 찍었다.

"재원이만 있으면 우리 넷, 완전체인데 아쉽다." 애진이는 군대 간 동생 걱정이 한가득이었다. "회사는 다닐 만해? 재미있어?" 아내와 나는 애진이의 직장 생활이 궁금했다. 요즘 매일 야근이었다. 지금 컨설팅 프로젝트를 진행하는 회사가 어딘지 물어도 말해주지 않았다. "고객 정보는 기밀 사항이야." 아빠한테도 입을 닫는 게 못내 서운했지만, 어린 게 벌써 사회인의 자세를 갖추었다고 생각하니 무척이나 대견스러웠다.

주말이었지만 우리는 모두 바빴다. 아내는 회사 일이 있어서 오후에 출근한다고 했고, 나는 제주도에서 열리는 학회에 갈 예정이었다. 애진이는 저녁에 회사 신입사원 동기 모임이 있다고 했다. 우리는 서로 웃으며 각자의 길로 향했다. 하얀 카디건을 걸친 애진이의 뒷모습이 예뻤다. 카디건의 보풀이 햇살에 반짝여 윤슬이 이는 듯했다.

잠이 오지 않아 TV를 켜보니 이태원 참사 속보가 나오고 있었다. 도대체 무슨 일이 일어난 건지 화면을 보면서도 이해가 되지 않았다. 화면에서 눈을 뗄 수가 없었다. 자꾸만 세월호의 기억이 오버랩되었다. 가슴이 먹먹해졌다. 겨우 잠을 청했다. 애진이가 그 골목에 있을 거라고는 꿈에도 생각하지 못했다.

새벽 3시 정각에 전화벨이 울렸다. 눈이 번쩍 떠졌다. 전화를 받았다. 모르는 번호였다. 젊은 남자의 목소리가 수화기 너머에서 들려왔다. 직장 동료라면서 애진이 집에 잘 왔냐고 묻는데, 모골이 송연해졌다. 제주도 출장 중이라 집에 확인해 보고 연락드리겠다고 말했다. 전화를 끊고 바로 아내에게 전화했다. 아내는 잠을 이루지 못하고 있었다. 애진이가 아직 돌아오지 않았다고 했다. 회사 동료에게서 애진이 귀가를 묻는 전화를 받았다고 말하고는 일단 전화를 끊었다.

다시 애진이 동료에게 전화했다. 애진이가 이태원에서 실종되었다고, 회사 모임을 파하고 나가던 길이었는데 인파에 휩쓸려 애진이가 시야에서 사라졌다고, 자신은 앞쪽에 있었는데 사력을 다해 골목을 빠져나왔다고, 회사에서도 실종신고를 하고 찾고 있다고 말했다. 황급한 목소리의 그에게 "알았다, 우리도 찾아보겠다. 찾아주고 걱정해 주어서 고맙다"고 말하고 전화를 끊었다. 다시 아내에게 전화해 실종 소식을 전했다. 아내가 사색이 되는 것이 수화기로도 느껴졌다. 아내는 애진이를 찾으러 바로 집을 나섰다.

나도 바로 공항으로 향했다. 중문 입구, 다섯 살 애진이가 '총총이 이야기'를 들려주던 길을 지났다. 그때 애진이는 이야기를 지어내는 데 푹 빠져 있었다. "총총이가 길을 가는데 호랑이가 나타났어~ 근데~"하는 애진이에게 나는 "호랑이가 떡을 달라고 했겠구나"라고 장단을 맞춰주었다. 애진이는 "아빠, 내가 공부 열심히 해서 대학생 되면 아빠 맛있는 거 많이 사줄게"라며 손으로 동그라미를 양껏 그리며 말하기도 했다. 가슴이 조여오고 온몸이 전기를 맞은 듯 저린 상황에서 애진이의 말과 모습이 떠올라 위안이 되었다.

애진이에게 계속 전화를 거는데 받지 않았다. 공항에 도착하니 뉴스가 계속되고 있었다. 처음에 30명이라던 사망자가 150명에 육박하고, 부상자도 150명 가까이 된다고 했다. 난 애진이가 부상자에 포함되어 있기만 바랐다. 그 시간 아내는 이태원으로, 순천향병원으로, 세브란스병원으로, 원효로 다목적 실내체육관으로 향하며 밤을 하얗게 달렸다. 이태원에서는 통제로 들어갈 수 없었고, 순천향병원에서는 아무도 만날 수 없었다고 한다. 부상자가 있는 세브란스병원에서는 애진이가 없어서 시신 안치소로 지정된 원효로 체육관으로 향했다.

서울에 도착하자마자 서둘러 택시를 잡아타고 아내에게 전화해 집에서 만나기로 했다. 집에 도착하니 처남이 와 있었다. 우리는 서로를 안고 애진이는 무사할 거라며 격려했다. 아직은 바람이 현실을 만드는 시간이었다. 날이 밝으니 애진이 친구들에게서 연락이 오기 시작했다. 밤새 중상자가 있다는 병원마다 전화를 돌려 애진이를 찾은 모양이었다. "보호자가 아니면 어떠한 정보도 줄 수 없다"고 했다며, 애진이에게서 연락이 왔는지 물었다. 그러고는 녀석들이 확인한 병원과 아직 확인 전인 병원들을 불러주었다.

처남 차를 타고 순천향병원 응급실부터 찾아갔다. TV 보도진들이 죽치고 있었다. 아내 손을 꼭 잡고 들어갔다. 여기에 가장 많은 환자들이 있다는데, 부모라고 해도 아무 확인도 해주지 않았다. 한남동 주민센터로 갔다. 실종자 가족도 여럿 있었고 공무원들, 기자들로 아수라장이 따로 없었다. 한참을 기다려 접수대에서 애진이 이름을 댔으나 입수된 정보가 없다고 했다. 실종신고를 다시 하고는 찾으면 꼭 좀 연락해달라고 부탁드리고 나왔다. 이대목동병원으로 다음 목적지를 잡았다. 응급실에 갔지만 이태원 관련 환자는 없다고, 장례식장에 가보라고 했다. 장례식장 관리인은 개인정보라 알려줄 수 있는 게 없다고 했다.

"아직 사망 통보가 오지 않은 건 그만큼 살아 있을 가능성이 높다는 뜻일 거야. 우리나라가 얼마나 시스템이 잘 되어 있는 나라인데…", "애진이가 현장에서 핸드폰을 분실해서 신원 확인이 어려울 수 있어.", "중상자는 신원 확인보다 치료가 먼저일 테니 지금 치료 중일 수도 있을 거야." 라는 말로 아내를 다독였다. 병원 TV를 보니 중상자와 부상자 수는 조금씩 주는데, 사망자 수가 늘어나고 있었다. 애진이가 중상자에 포함되어 있기를, 그저 살아있기만을 바랐다. 여의도성모병원으로 갔지만 그곳에도 애진이는 없었다.

이제 어찌하나, 망연자실한 우리 앞에 어떤 경찰관이 보였다. 그는 자기도 자식을 둔 아빠로서 마음이 아프다며 여기저기 전화를 걸어 애진이를 수소문해 주었다. 자기 관할에는 없다며 인근 관할 경찰서에도 전화를 해주었다. 왜 이 모양이냐고 호통도 치고, 또 다른 데 전화를 걸어 애진이의 인상착의 등을 설명하면서 아이를 함께 찾아주었다. 너무나도 고마웠다. 누군가에게 도움을 받는다는 게 이렇게도 소중하고, 절실하고, 따뜻하고, 위안이 되는 일임을 뼈에 사무치게 느꼈다.

그곳에서만 마냥 기다릴 수 없어 연락을 부탁하고 중앙대병원으로 갔다. 거기에도 없어 이제 어찌해야 하나 난감해하던 차에 아까 그 형사에게서 전화가 왔다. 이대목동병원에 애진이의 인상착의와 비슷한 사람이 있다고 했다. 이미 가보았지만 확인할 수 없었다고 하니 동료 형사가 그쪽으로 가니 도움을 줄 수 있을 거라고 말해주었다.

이대목동병원 장례식장 관리인은 목걸이와 귀걸이를 했는지, 머리 길이는 어떤지 등 인상착의를 물었다. 기억나는 인상착의를 말하고 직접 확인할 수 있는지 물으니 그건 안 된다고 했다. 잠시 후 관리인이 팔에 문신이 있느냐고 물었다. 애진이는 문신을 하지 않았다. TV에서는 여전히 사망자 수가 늘어나고, 부상자 수는 줄어들고 있었다.

경찰 중 가장 경력이 제일 많아 보이는 분에게 상황을 물었다. "아직 우리 아이를 찾지 못했어요. 중상자에 대한 신원 확인은 모두 되었나요?"라고 물으니, 잠시 머뭇거리다가 그렇다고 한다. 그렇구나, 애진이는 중상자도 아니구나. 서울대병원으로 가보자는 처남과 아내에게 이제 집에 가서 전화를 기다리자고 했다. 차마 중상자 명단 확인을 마쳤다고 말해줄 수 없었다. 계속 기도하며 희망을 붙드는 아내 편을 들고 싶었고, 그 정보가 틀릴 수도 있다는 일말의 가능성을 부여잡고 싶기도 했다.

집에 돌아와 현관문을 여는데, 마음이 온통 허물어지는 느낌이었다. 허탈했다. 오후 2시가 넘은 시각이었다. 애진이 방은 어제 그대로인데, 애진이는 어디에 있을까? 처남과 아내가 인터넷을 뒤져 용산경찰서, 마포경찰서, 서울에 있는 모든 경찰서에 전화했다. 여전히 애진이 이름은 없었다. 30분이 지났을까, 용산경찰서에서 전화가 왔다. 애진이를 찾았단다. 안양샘병원에 있다고 했다. 이렇게 찾고 싶지는 않았는데. 찾아줘서 고맙다고 말하고 전화를 끊었다. 목소리에서 감정을 빼려고 온 힘을 모았다. 애써 담담히 아내에게 말을 건넸다.

"애진이를 찾았어. 안양샘병원에 있대."
아내가 허물어지듯 쓰러져 통곡했다. 처남이 어깨를 들썩이며 울었다. 나도 눈물이 솟구쳤다. 눈물이 뇌를 거치지 않고도 제멋대로 날 수 있다는 걸 그때 알았다. 받아들일 수 없는 현실, 무심한 세상을 어쩌지 못해 그저 울기만 했다.

서둘러 안양샘병원으로 향했다. 광명경찰서 형사들이 이미 와 있었다. 목례를 하고 안치실에 가서 아내, 처남과 함께 애진이를 만났다. 눈 감은 얼굴에 희미한 미소가 보였다. 고통스러운 표정이 아니라 미소 띤 모습이었다. 다행이었다. 정말 다행이었다. 애진이의 마지막이 고통이 아니어서 고마웠다. 애진이를 부여잡고 통곡했다.

"애진아, 애진아, 우리 애진아……"
애진이를 부르고 또 불렀다. 몸은 굳어 있었고, 얼굴은 차가웠다. 볼과 이마에 다시는 할 수 없는 뽀뽀를, 한 번 한 번 소중히 하고 또 했다. 앰뷸런스에 애진이를 태우고 서울에 있는 장례식장을 향하는 길이 막혔다. 다행이라 여겼다. 난 이 정체가 끝없이 계속되기를 바라며 천으로 덮인 애진이의 몸을 만지고 또 만졌다. 뒤죽박죽 엉킨 머릿속은 뭐가 뭔지 모르겠는 느낌들로

꽉 차서 작은 자극에도 툭툭 터졌다가 잦아들기를 반복했다.

애진이 회사 대표와 직원 몇 명이 장례식장이 있는 병원에서 기다리고 있었다. 회사의 지원 및 처리 방침에 대해 설명하려는 걸 막았다. 나중에 듣겠다고, 지금은 아이를 잘 보내는 게 중요하다고 말했다. 애진이가 회사를 무척이나 자랑스러워했으니, 장례용품 지원은 받겠다고 했다. 사회인이 된 내 아이를 한 번은 자랑하고 싶었다.

다음 날 장례식장에 놓인 영정사진으로 애진이를 다시 만났다. 내가 사진 속으로 들어가고 애진이를 꺼내 오고 싶은데, 아무도 방법을 말해주지 않아 서러웠다. 준비할 준비도 하지 못한 장례식을 이틀 동안 치르며 애진이의 많은 친구들을 만났다. 조문하는 방법도 몰라 그저 울기만 하는 아이들을 아내는 한 명씩 꼭 안아주었다. "괜찮아, 애진이는 행복하게 살다 갔어. 그러니 너무 아파하지 마." 그 모습을 보며 위로는 받는 게 아니라, 서로 나누는 것임을 깨달았다.

*

애진이 없는 밤이 수백 번 지났다. 앞으로도 이런 밤이 내게 얼마나 남았는지 모르지만, 2022년 10월 29일, 그리고 애진이를 찾아 헤매던 10월 30일의 기억을 떠올리는 일은 여전히 힘겹다. 지금 나는 제 이름을 갖지 못한 감정들에 휩싸여 있다. 이 모든 게 애진이다. 나의 애진이다. 그러니 구토도 고통도 모두 소중하다. 그날의 기억 속에 잠시 머물러 본다. 친구들의 눈물이 참 맑다. 친구들은 영정사진 속 애진이의 미소와 조금씩 닮았다. 친구들의 눈망울, 표정, 말투를 합치면 애진이가 된다. 나는 친구들 속에 조금씩 존재하는 애진이를 본다. '생명의 본질은 관계'라고 애진이가 속삭여주는 듯하다.

너를 만나러 가는 여행

비행기는 해안선을 지나 동해를 건너고 있다. 아내는 매일 밤을 뜬눈으로 지새웠다. 애진이 '때문에' 우울증 약과 수면제를 먹을 수는 없다며, 병원에서 받아온 약들을 한사코 거부했다. 아내 회사에 휴직계를 내고, 가장 빨리 떠나는 비행기표를 끊었다. 아내를 재우기 위해서는 어디든 멀리 가야만 했다.

아홉 살 애진이를 만나러 교토로 갔다. 청수사 올라가는 길에 있던 슈크림 볼 가게는 예전 그대로였다. 나는 거기서 제 손보다 큰 슈크림 볼을 맛나게 먹는 애진이를 만났다. 빨간 코트를 입고 머리를 양 갈래로 묶은 조그만 아이가 눈에는 보이지 않았지만 머릿속에는 선명했다. 말이 통하지 않는 곳이니 애진이 이름을 마음껏 부르고, 안쓰러운 아내의 손을 잡아주었다. 여행은 낯선 공간에 스스로를 던져두는 일이다. 버스를 타는 일부터 길을 찾는 일, 밥을 먹는 일, 하나하나가 생경하고 어렵다. 그런 사소한 일상에 집중하느라 신경이 분산된다. 그 덕분에 돌처럼 뭉쳐 있던 마음 끈이 조금은 풀어지는 느낌이 들었다.

아내와 꼬치구이에 생맥주를 마시며 대화를 나누었다. "나는 힘들면 울고 그리워하고 당신에게 의지하여 잘 견뎌낼 거니, 당신도 참지 말고 쌓아두지 말고 울고 드러내고 내게 기대." 우리는 애진이 엄마 아빠니까 밝고 활기차게 남을 배려하면서 꿈에 도전하며 살아야 한다고 말했다. 그게 애진이의 삶이었으니까, 자식이 살지 못한 삶을 대신 사는 게 부모의 의무일 거라고 말했다. 재원이에게 누나의 죽음이, 누나 없는 삶이 질곡이 되지 않기를, 재원이의 마음에 그늘이 생기지 않도록 온 힘을 다하자며 잔을 부딪쳤다.

다음 날에는 우지(宇治)에 갔다. 사람 많은 곳은 우리에게 너무도 고통스러웠기에 우리는 인적이 드문 곳을 찾았다. 왠지 우지에 가면 애진이를 볼 수 있을 것만 같았다. 우리가 탄 기차는 나라(奈良)까지 간다. 머릿속에 보이는 동대사(東大寺)에 꽃사슴 네댓 마리가 걸어 다니고 그사이에 애진이가 있다. '그때 사슴 먹이를 사서 나누어 주는데 애진이는 겁이 나서 내 등 뒤에 숨었지.' 선명한 기억은 눈으로 보지 않아도 마음에 보인다.

우리는 우지역에서 내렸다. 한적하지만 깨끗한 거리가 마음에 들었다. 걷다 보니 강이 나왔다. 교토 북쪽에 있는 아라시야마를 연상케 하는 풍경이다. 탁 트인 풍경에 가슴이 뻥 뚫렸다. 살아 있는 극락정토를 만들고자 천 년 전에 세웠다는 뵤도인(平等院, 평등원)에 갔다. 이곳 봉황당에는 중생을 구제하여 극락으로 인도한다는 아미타불이 모셔져 있다. 가이드가 일본어로 설명하는 내내 나는 애진이의 극락왕생을 기원하며 아미타불께 기도했다. 뵤도인은 장엄하고 아름다웠으나 내가 찾은 극락정토는 유장히 흐르는 강물에서 한가로이 쉬고 있는 가마우지와 왜가리의 머무름과 날갯짓에 있었다. 이 강줄기를 따라가면, 뒤로 보이는 산들을 넘어가면 애진이가 있을 것만 같았다. 강물 한줄기, 모래알 하나하나에까지 시선을 두며, 애진이가 머무는 세상이 떠나온 세상보다 평안하기를 빌고 또 빌었다.

다음 날 오전에는 '철학의 길'을 걸었다. 나뭇가지가 드리워진 개울을 따라 걸으며 삶과 죽음이, 인간이 인지하는 세상과 그러지 못하는 세상이 이 길처럼 바로 옆에서 나란히 걸어가고 있다는 생각이 들었다. 오후에는 오사카에 갔다. 애진이가 여행을 떠올릴 때면 늘 이야기하던, 딸기 케이크가 맛있던 가게 '코코리코'를 찾았다. 신사이바시 골목에 있던 가게였는데 그 자리에는 이제 다른 가게가 있었다. 비 내리는 골목 귀퉁이에 쪼그려 앉아 한참을 펑펑 울었다. 고작 가게 하나 없어졌을 뿐인데 그게 서러워 눈물이 멈추지 않았다.

마지막 여행지는 오사카성에 있는 매화밭이었다. 아홉 살 애진이와 오사카성을 둘러보았던 날, 해자가 보이는 쪽으로 내려

오는 길에 새하얀 구름이 땅 위에 머물고 있었다. 가슴이 설레어 손을 잡고 뛰어가 보니 하얀 점들이 별처럼 박혀 있었다. 다시 만난 늦가을 매화밭에 매화꽃은 달리지 않았지만, 내 눈에는 막 봄이 시작되어 매화가 만발한 매화밭에서 빨간 코트를 입은 아이가 뛰놀고 있었다. 멀리서 나를 보고 손을 흔들며 "아빠!"라고 부르는 그 아이가 눈에 박혀 눈물이 나왔다. 이제 잎들마저 떨어져 아무도 찾지 않는 매화나무 아래에서 한참을 울었다. 여행은 여기서 끝이 났다. 나는 아홉 살 애진이를 만났고 아내는 불면의 밤을 잠시 멈출 수 있었다. 우리는 다시 애진이가 없는 집으로 돌아가야 했다.

집에서 멀리멀리

햇살 좋은 산 중턱 작은 나무에 애진이를 묻고 집으로 돌아온 날, 밤이 일 년처럼 길었다. 어둠이 걷히기 전 짐을 대충 싸고는 서둘러 남쪽으로 차를 몰았다. 한참을 달려 도착한 곳은 전주였다. 나에게 전주는 언제나 맛있고 안온한 도시다. 지나가는 길에 '팔복예술공장'이라는 표지판이 보였다. 무작정 들어가서 동화 박물관을 관람했다. 동화는 어린이들만 보는 줄 알았는데, 어른들을 위한 동화도 있다고 아내가 이야기해 주었다. 동화는 확실히 글자로 쓰인 책보다 따스하고 가슴에 쏘옥 안기는 느낌이 있다.

마침 그날이 입주 예술인 오픈하우스라고 하여 작업장을 구경할 수 있었다. 〈세수하는 아이〉라는 작품을 보는데, 아이보다 물방울이 더 강렬했다. 좀처럼 한국 사람 같지 않은 목수 그림을 보면서 "이분은 예수님인가요?"라고 나도 모르게 물었는데, 작가가 다가와 아일랜드에서 그린 목수 그림이라고 설명해 주었다. 다음 달에 서울 을지로에서 전시회를 한다길래 거기서 다시 볼 수 있으면 좋겠다고 말했다. 낯선 곳, 모르는 이가 편하게 느껴졌다. 어쩌면 그가 작품으로 내게 말을 걸어주었기에 말을 던질 수 있었나 보다.

저녁에는 한옥마을을 걷다가 전동성당에 들어갔다. 마침 미사가 시작되어 자리에 앉았다. 미사가 익숙하지 않아 넋을 놓고 앉아 있는데 "이태원 참사 희생자를 위해 기도합시다"라는 신부님의 말씀이 들렸다. 순간 가슴 속 불길이 울컥 치밀어 오르며 봇물 터지듯 쏟아져 나왔다. '누군지도 모르고 당신을 믿지도 않는 이들에게까지 주님은 곁을 내어 주시는구나.' 고마웠다. 하지만 주체할 수 없는 눈물을 참지 못해 성당 밖으로 나왔다.

'생각지도 못했던 곳에서 위로받고 있구나.' 고개 들어 하늘을 보니 별이 보였다. 내가 보지 못했을 뿐 별은 언제나 제자리에 있었다. 오랜 벗을 불러내 막걸리를 마셨다. 학창 시절 이야기, 살아온 이야기로 꽃을 피웠다. 웃음까지 피어오르지는 않았지만 숨을 쉴 수 있어 마음이 편해졌다. 하지만 이튿날 아침에 눈을 뜨니 눈물부터 나왔다. 눈을 뜨면 나오는 눈물. 그렇다고 눈을 감고 있을 수도 없으니 이를 어쩌랴.

부안을 거쳐 선유도로 가는 길은 한적했고 아내와 나는 그 길에 많은 이야기를 던지며 갔다. 새만금 둑을 타고 가는 길이 고군산반도까지 이어졌다. 이제 고군산반도는 섬이 아니라 도로에 꿰인 방울과 같았다. 도로 옆에 언뜻언뜻 보이는 풍경이 참으로 고요하고 옹기종기 작은 섬들이 붙어 있는 게 참 예쁘고 정겨웠다. 선유도해수욕장에는 사람보다 바람이 많았고 파도가 높았다.

"애진아, 사랑해, 애진아, 잘 가."
인적 없는 곳에서 애진이를 불렀다. 목 놓아 불렀다. 울음 섞인 목소리가 파도에 쓸려가고 칼바람에 흩어지니 속을 게워낸 듯 가슴이 휑했다. 아내는 애진이를 향해 "엄마는 이제 행복하지 않을 거야"라고 울부짖었다. 화장실에 가는 아내에게 "행복하지 않은 사람은 화장실에 들어갈 수 없다"고 시위를 해서 겨우 그 말을 물렸다. 애진이에게 결코 그런 말을 들려줄 순 없었다.

군산에 도착해 짐을 풀고 어스름이 내릴 무렵 길을 나섰다. 건물이 높지 않아 시야가 탁 트인 한적한 동네를 걷는 느낌에 어린 시절로 돌아간 듯했다. 우리의 발걸음은 경암철길로 향했다. 작년 여름 목포에서 올라오다 들렀던 사진 가게가 있는 곳이다. 애진이와 아내, 그리고 나 셋이 기찻길 옆 단칸방에서 복고풍 옷을 입고 신이 나서 사진을 찍었다. 다행히 그 가게는 그대로 있었다. 아내가 다음에는 재원이랑 같이 오자고 했다.

여행을 마치고 집으로 돌아왔지만, 집에서 지내는 하루가 버거워 사흘을 넘기지 못하고 다시 집에서 나왔다. 안성에 있는 배티성지는 200년 전 가톨릭 신자들이 50년 넘게 숨어 지내며 마을을 이룬 우리나라의 대표적인 카타콤이라고 한다. 이런 곳이라면 주님이 햇살을 내려 주셔도 좋지 않겠냐는 생각이 살짝 들었다. 아내를 따라 십자가의 길을 걷는데 13처였을까, 피에타를 만났다. 눈물이 폭풍처럼 쏟아졌다. 신도 믿지 않고 종교도 없이 살아왔지만, 죽은 예수를 안은 성모 마리아의 마음은 알 것만 같았다.

저녁 무렵 대전 처가에 도착해서 장모님을 따라 탄방동 성당 미사에 갔다. 애진이를 위한 연도를 해주셨던 신부님이 주임신부로 계신 곳이다. 미사 순서도 모르고 기도하는 법도 몰랐지만, 오직 한 가지만 빌었다. '성모 마리아님, 신애진 가브리엘라를 위해 빌어주소서.' 이렇게 비는 것을 '전구(轉求)한다'라고 하는 걸 나중에 알았다.

새벽에는 계룡산 동학사에 들러 부처님께 애진이의 극락왕생을 발원했다. 낮에는 갑사 관음전에서 중생을 사랑하고 구제하는 관세음보살께 애진이를 살펴달라고 빌었다. 그러고는 공주 마곡사로 왔다. 사찰이 보이는 벤치에 앉아, 빨갛게 물든 단풍 사이로 보이는 마곡사 마당에서 뛰어놀던 아이들의 어릴 적 기억을 떠올리며 하염없이 울었다. 날이 바뀌고 우리는 공세리 성당에 들러 야외 미사를 드리고 집으로 돌아갔다. 보이는 곳이면 어디든 가고 문이 열린 곳이면 어디든 들어가서 빌었다. 부처님이든 예수님이든 상관없었다. 오직 애진이만 생각하고 애진이를 위해서만 기도했다. 우는 것 말고 내가 할 수 있는 게 하나 더 늘었다.

49재

세상을 떠난 이들은 일주일을 일곱 번 지내며 이승에서 지은 죄에 대해 재판을 받는다고 했지. '49재'는 영화 〈신과 함께〉의 장면을 떠올리면 그리 낯설지 않다. 하지만 '애진이의 49재'는 낯설고 힘들다. 12월 16일, 그날은 새벽 3시부터 시작되었다. 사위가 어두울 때는 어떤 생각도, 어떤 그리움도 허락이 된다. 아직 이승의 언저리에 머물러 있을지도 모르는 애진이를 그리며 편지를 썼다.

> 애진아, 어제 녹사평 분향소에서 너를 보았어. 엄마랑 아빠랑 한참을 쳐다보았어. 얼마나 울던지, 엄마 얼굴이 눈물에 허물어져 반쯤 투명하게 지워져 있더라. 아빠가 안아주었지만 어깨가 떨리는 건 어쩔 수 없었어. 오히려 전염되어 들썩임만 커져갔어. 너의 빈자리로 온 세상이

쏟아져 내리고 있어. 뻥 뚫린 두 가슴 사이로 찬 바람이 분다.
(...) 우리가 일반적으로 말하고 믿는 게 정녕 맞는 걸까,
의미가 있는 걸까. 그래도 믿고 따라야 하겠지,
그게 세상의 관습이니까. 49재가 그런 의미라면 따라야지.
그럼 오늘이 진짜 마지막 날인가. 하지만 그거만큼은
안 되겠다. 아빠에게 마지막 날은 없어. 아빠는 언제까지나
너와 함께할 거야. 내가 돌아가서도 너를 잊지 않기를,
그래서 꼭 만날 수 있기를, 만나서 우리 애진이 안아볼 수
있기를 바라고 또 바라.

동이 트고 있었다. 이제는 우리 가족의 49재, 우리 사회의 49재가 시작된다. 처남이 우리를 데리러 왔다. 애진이를 찾아 헤매던 날도 셋이 함께였다. 일주일이 일곱 번 지나는 사이 가을이 겨울로 바뀌었고, 세상 끝까지 찾아 헤매던 날 뒤로 애진이를 세상 너머로 보내는 날을 우리 셋이 다시 함께 맞았다. 그날 세상의 끝이 조계사에 있었다. 서울 시내 한가운데에 세상의 끝이 있었다. 불에 태워 연기로 올려 보낼 종이옷을 사고, 법당에 가서 부처님께 삼배를 올렸다. 애진이에게 가피를 내려달라고 빌고 또 빌었다. 유가족 천막이 마련되어 들렀지만, 아는 얼굴이 없어서 인사를 나누지는 못했다.

49재가 시작되려 하여 자리를 잡고 앉는데, 몇 자리 건너 사촌 동생의 얼굴이 보였다. 애진이가 갓난아기일 때부터 인근에 살았던 애진이 고모인데, 나는 사촌 동생의 얼굴에서 외할머니

를 보았다. 내 외할머니는 어린 애진이의 단짝 친구였다. 세 살배기 여자애와 팔순 노인이 소꿉놀이하는 사이로 비추는 오후 햇살이 참 따스했다. 소꿉놀이가 끝날 무렵 가끔 다툼이 있으면 할머니는 토라진 얼굴로 돌아가셨다가도 다음 날이면 밝은 표정으로 애진이를 만나러 일찍부터 오셨다. 나를 키워주신 외할머니의 마지막 친구가 내 딸인 것이 내 오랜 자랑이다.

외할머니 49재 날 다섯 살 애진이 꿈에 외할머니가 오셨단다. "노할머니는 새가 되어 날아갔어." 아내는 애진이가 해주었던 말을 기억하고 있었다. 스님의 독송을 듣는데 외할머니 생각이 났다. 외할머니가 애진이에게 불러주던 자장가가 떠올랐다. "금을 주면 너를 사랴, 은을 주면 너를 사랴" 40년 전 어린 내 기억 속에도, 어린 애진이의 기억 속에도 할머니의 자장가는 한결같았다.

저녁에는 이태원역 1번 출구 앞 도로에서 '10·29 이태원 참사 49일 시민 추모제'가 열렸다. "골목이 혼잡하니 경찰을 보내 달라"는 119 신고를 최초로 했던 6시 34분에 맞춰 시작되었는데 이미 사위가 어두워져 있었다. 처남 부부들이 옆자리를 채워주어 영하의 추위가 견딜만했다. 수천 명의 시민들이 그 도로를 가득 채워주셨다. 10월 29일, 그날 밤 이태원역 앞 도로는 몰려드는 인파에도 끝내 길이 열리지 않았다. '이렇게 내어줄 수 있는 도로였는데 왜 그날의 판단은 달랐을까.' 짧은 질문은 입속에만 머물렀다.

기다렸던 대통령은 끝내 오지 않았고, 정부 부처가 주관한 행사에서 크리스마스트리를 점등했다는 말을 전해 들었다. 굳이 49재 날 그래야 했는지는 지금도 모르겠다. 가수 하림이 〈소풍〉이라는 노래를 불러주었다. 한파에 곱은 손을 호호 불어가며 피아노를 치던 모습, 노래가 입김 사이로 피어오르던 모습이 아직도 눈에 선하다. 노래는 파동이 되어 가슴에 닿았다. 그 파동의 이름은 공감이다. 나는 어느 가수의 심장에서 퍼져 나오는 파동에 연결되어 힘을 얻는다. 그 덕분에 고개를 들어 어둠 사이로 선명하게 빛을 내는 별을 볼 수 있었다. 천상병 시인의 시 〈귀천〉이 하림 가수의 노래와 오버랩되었다.

"애진, 즐거운 소풍이 되었기를."
오늘은 비록 울지만, 언젠가 미소 지으며 이렇게 말할 수 있도록 스스로를 단련시키겠노라고 차가운 아스팔트 바닥에 앉아 다짐했다.

애진이네 집

애진이와 작별한 지 100일이 되었다. 아침에 눈을 뜨자마자 서둘러 아내와 함께 애진이네로 갔다. 애진이의 유골을 묻은 곳. 그곳을 아내와 나는 '애진이네'라고 부른다. 애진이가 머무는 곳이니, 애진이의 집이다. 애진이네는 세상의 모든 애진이들이 교차하는 곳이다. 우리와 친구들 마음속 애진이가 커지다 하도 먹먹해지면 애진이네로 오겠지. 돌아가서는 다시 각자의 장소에서 저마다의 시간을 살고. 애진이네서 보내는 시간이 우리에게 생의 에너지가 되기를 소망한다.

애진이네 집은 햇살 좋은 언덕 위에 있다. 늦잠에서 겨우 깨어나 부스스 눈만 살짝 뜬 듯한 햇살이지만 그래도 이 언덕에서 가장 먼저 애진이네를 비춰준다. 애진이네에 올 때마다 스무 살 애진이와 함께 간 코인 노래방에서 불렀던 〈비밀의 화원〉과 〈편지〉를 듣는다. 애진이는 아이유 버전을, 나는 이상은 버전을 불렀다. 20세기에 가수 이상은이 부른 노래를 21세기에 아이유가 리메이크해서 비밀의 화원에 다시금 꽃을 피웠다.

김광진의 〈편지〉는 내가 예약한 나의 십팔번이었는데 자기가 예약한 줄 알고 애진이가 먼저 불렀다. 결국 노래는 듀엣곡으로 변했다. 애진이의 목소리를 듣는 게 좋아 후렴구를 부르지 않았다. 덕분에 떠난 사랑의 메시지를 담은 노랫말은 이제 애진이가 직접 우리에게 목소리로 남기는 편지가 되었다. 노래가 끝나고 애진이가 이 노래에 얽힌 에피소드를 말해주었다. 김광진 씨가 이 가사를 쓰게 된 사연, 실제 편지를 쓴 사람이 누구였는지, 나는 이미 알고 있었지만 처음 듣는 것처럼 손뼉을 치며 들었다. 그때 애진이의 목소리는 맑고 온기가 있었다. 그 목소리는 설명할 수 없는 느낌으로 내 몸 어딘가에 각인되어 있다.

100일이 지나던 밤에 애진이에게 편지를 썼다.

> 아빠는 너와의 작별이 이렇게 슬픈데 엄마, 재원이, T,
> 시완이, 현영이, 자연이, MCC, 맥킨지, 너의 수많은 친구들,
> 너의 세상과 작별하던 순간에 너는 얼마나 큰 허망과
> 슬픔을 느꼈을까. 아빠는 감히 상상조차 할 수가 없구나.
> 억겁의 시간을 돌고 돌아 이제 겨우 부모와 자식의 인연으로
> 만났는데 부모인 나보다 네가 먼저 이 세상을 떠났다는 게
> 아직도 믿어지지 않아.
> 헤어진 모습 그대로 우리 다시 만날 수 있을까. 너의
> 영정사진을 들고 걷던 길에서 가수 이상은의 〈언젠가는〉이
> 들려왔어. 눈물을 삼키며 그 노래를 들으며 생각하고
> 생각했다. 우리가 다시 만날 수 있을까, 다시 만난다면

어떤 모습일까, 헤어진 모습 그대로의 너를 만나려면
당장이라도 너를 만나러 가야 하는 건지, 가봐야 이미
늦어 너를 만날 수 없는 건지 아빠는 알 길이 없구나.
세상을 떠나는 일은 맺어온 관계의 끈을 하나하나 풀어내는
일이라는 것을 알았어. 매듭 하나 풀 때마다 슬픔과 고통이
번개처럼 때로는 파도처럼 밀려오는구나. 이건 온전히
나만의 고통이면 좋겠다. 너는 고통 없는 세상에서 평안해야
한다. 네가 떠나던 순간에 느꼈을 슬픔과 고통이 너의
마지막 고통이어야 한다. 꼭 그리해달라고 어디에서든
누구에게든 빌고 또 빌고 있어. 고통 속에서 관계의 끈을
푸는 건 남은 자들의 숙제여야 한다. 우주에는 나름의
법칙이 있고 우리가 순리라고 부르는 이치도 있으니,
남은 자의 몫인 게 합리적이겠지.

이 세상에서 맺은 관계의 끈이니, 세상을 떠나면 그 역시
소멸될 거라는 말에 아빠는 동의하지 않아. 관계의 끈이
소멸된다니, 이건 좀 아프다. 많이 아프다. 세상이 바뀌어도
바뀌지 않는 게 있지. 인간의 도리가 땅에 떨어지는 야만의
시대에도 결코 바뀌지 않는 게 있지. 이 세상에 생명이
존재하는 한 결코 바뀌지도, 사라지지도 않을 게 있지.
부모와 자식의 관계, 우리는 그걸 천륜이라 부르지.
다른 세상을 살아도, 다른 모습으로 존재해도, 존재가
소멸해도 관계는 남아 있어. 끈으로, 파동이 되어 남아 있지.
난 그리 믿고 있어. 그러니 애진아, 우리가 다시 만날 때

어떤 모습이든 난 네 아빠임을 절대 잊지 않을 거다. 아빠로서 다하지 못한 책임과 다 주지 못한 사랑을 다시 만나면 꼭 다 하고 싶어. 네가 네 몫의 세상을 다 살지 못하고 갔더라도 내 몫의 사랑은 너에게 다 줄 거다. 눈에 넣어도 아프지 않은 내 새끼, 내 전부인 사랑, 내 딸, 나의 돌돌이.

내가 지옥을 살고 있구나. 고통스러운 게 지옥이 아니라 이 고통이 영원히 지속될 거라는 걸 아는 게 지옥이다. 하느님이 엿새 동안 사람을 만들고 일곱째 날 쉬어서 인간도 일요일 하루를 쉰다는데, 하느님을 믿지 않아도 쉬는 게 좋아서 그 이야기는 철석같이 믿었다. 6일 동안 고통스러워도 하루는 쉴 수 있으면 좋으련만 고통이란 녀석은 인간이 만든 규칙도 아랑곳하지 않는다. 기실 고통이란 게 생각과 감정이 밖으로 나오는 감정의 표출 방식의 하나이고 희로애락이 각각의 것이 아니라 한 몸에서 비롯되는 것이니 고통이란 녀석만 특별히 미워하거나 꺼릴 일은 아니다. 고통도 애진이를 그리는 마음에서 비롯되었으니 소중히 느끼고 연기처럼 날려버릴 일이다.

고통도 만나다 보니 익숙해지고 이젠 그냥저냥 견딜만하다. 죽음 앞에서 죽을 것 같다고 말하는 것도 우습다. 죽음으로 가는 길도, 감정도 모르면서 죽을 것같이 고통스럽다고, 차라리 죽는 게 낫다고 말하는 것도 우습다. 나 역시 그런 말을 수없이 뇌까리며 고통의 강을 건너고 있지만, 가로지르는 건지 흘러가는 건지 모르겠지만, 고통도 사람의 감정이라 최소한의 안전장

치는 작동한다. 우리는 통증에 민감해지도록 진화되어 온 동시에 또 견디게끔 진화되어 왔다. 통증은 생명을 죽이기 위해서가 아니라 생명을 살리기 위해 진화한 감각이다. 하지만 통증이 영원히 끝나지 않을 거라는 두려움이 점점 명확해져 간다.

'결코 사그라지지 않는 게 자식을 잃은 참척의 고통이니, 어쩌겠어, 고통이라는 녀석과 잘 지내야지. 죽을 때까지 함께할 친구가 하나 생겼네. 이게 반가워해야 할 일인지 모르겠지만 외롭지는 않겠네.' 외로움이라는 녀석도 만만치 않은 녀석인데 고통이 외로움을 다독여 줄 수 있겠다는 건 처음 알았다.

애진이가 하늘로 떠난 지 100일. 나는 여전히 애진이의 삶과 애진이의 죽음 사이에서 마음의 갈피를 잡지 못하고 있다. 삶은 유한한데 슬픔과 고통은 영원으로 흘러가고 있다. 그래도 우리 애진이 이름이 슬픔과 고통이 되어서는 안 된다. 언덕 애(厓), 보배 진(珍), 애진. 나는 우리 애진이 언덕 위에 슬픔과 고통을 놓을 수는 없다. 언덕 위에 놓을 보배를 빚어야지. 그게 나의 몫이고 나의 일이다.

한겨레에 실린 100일의 일기

한겨레신문에서 이태원 참사 100일을 맞이하여 유가족이 쓴 일기를 기사화하고 싶다는 연락이 왔다. 날짜를 세는 것이 이제 내게 아무런 의미도 없었기에 처음에는 의아했다. 오직 애진이한테만 보여주고 싶은, 지극히 사적인 일기를 공개한다는 게 부끄러웠다. 한 번 쓰고 나선 다시 읽어보지 않았기 때문에 뭐라 썼는지 기억도 나지 않았다. 거절해야겠다는 말에 아내는 매일 일기를 써온 유가족이 얼마나 더 있을지도 모르고 참사에 대해 독자들이 다시 한번 생각해 볼 수 있는 계기가 될 수 있을 거라며 나를 설득하고 채근했다. 아내의 말을 따르기로 했다. 그 무렵, 애진이만 보이던 내 눈에도 애진이가 떠난 이태원 골목이 조금씩 눈에 들어오기 시작했기 때문이다.

녹사평 분향소 인근 카페에서 장예지 기자를 만났다. 기자가 처음 물어본 건, 일기 초반에 놀러 갔다가 죽은 게 아니라고 쓴 내용이 많은 이유였다. 문득 신문 기사에서 얼핏 보았던 '놀러 갔다 죽은 걸 갖고 웬 호들갑이냐'라는 댓글이 떠올랐다. 그땐 놀러 간 게 죽어도 되는 잘못인지, 판단이 안 되고 그저 혼란스러울 뿐이었다. 댓글에 화가 나지는 않았다. 나와 거리가 먼 일은 내 일이 아니라고 느꼈을 테니까. 다만 일을 하고 놀이를 하는 게 사람인데, 놀러 간 탓이라며 굳이 그런 댓글까지 달아야 하는지는 모르겠다. 칼에 베인 듯, 굴레가 씌워진 듯 아프다. 참사는 불편하고, 먹고살기 바쁜 우리에게 '놀러 갔다가 죽었다'는 프레임이 입혀주는 옷은 편리하다. 생각하지 않아도 되니까. 각자도생의 사회에서 세상일에 신경 쓸 여력은 없으니까.

내가 바라는 것은 건 오직 하나, 참사의 진실을 밝히는 것이다. 참사 이후의 처리 과정뿐만 아니라 이 참사가 왜 일어났는지, 참사가 발생하는 과정이 어떠했는지, 왜 책임 있는 공무원들이 자기 일을 하지 않았는지, 그럴 수밖에 없는 어떤 사정이 있었던 것인지 밝히는 것이다. 그래야 반성도 하고 잘못된 것, 부족한 것을 개선해서 참사의 재발을 막을 수 있다.

아내와 나는 가슴에 꾹꾹 눌러 두었던 말들을 두 시간 가까이 쏟아냈다. 표정으로 공감해주고 간간이 던지는 말투에 따스함이 배어 있는 사람과 마주 앉아 대화를 나누는 시간은 분명 위로의 시간이었다. 다음 날 잠에서 깨는데 아침햇살처럼 낱말 하나가 명징하게 떠올랐다. 공감(共感). 감기를 치료하는 약은 없어도 감기약이 감기에서 낫는 데 도움이 되듯이, 공감이 고통을 치료할 순 없어도 고통을 견디는 데 도움이 된다는 걸 그날 알았다.

이틀 후 장 기자가 기사 초안을 보내주었다. 참사의 사회적 의미가 강조되었다. 내가 쓴 일기가 맞는지 낯선 느낌도 들었지만, 이 또한 나의 일기에서 발췌한 내 생각이고 이태원 참사의 유가족이 우리 사회와 만나는 방식이란 생각이 들었다. 그리고 나 또한 100일을 지내며 애진이가 떠난 게 나만의 상실이 아님을 느끼게 되었다. 기억의 감정은 슬픔 혹은 눈물이지만, 기억의 방식은 희생자의 이름과 삶의 이력이고 남은 이들이 살아내는 삶의 농도라는 생각이 만조를 향해 바닷물이 차오르듯 올라왔다. 애진이만 향하던 시야가 점점 넓어지면서 함께 떠난 다른 희생자들이 보이기 시작했다.

기사를 본 지인들이 연락을 주었다. 혼술을 하다가 전화한 동생도 있고, 20년 만에 소식이 닿은 친구도 있었다. 차마 연락하지 못했다던 후배는 울면서 읽었다고 하고, 술도 함께 했던 친구는 옆에 있어도 그 아픔까지는 짐작하지 못했다고 했다. 애진이 친구들도 서로 기사를 돌려보았단다. 애진이 남자친구가 어찌 알았는지 아침 일찍 애진이 친구에게도 기사를 공유해주었다고 했다. 그날 저녁 신문을 들고 온 처남과 애진이 어릴 적 이야기를 나누며 술을 마셨다. 집에 돌아와 신문을 펼쳤지만 차마 기사를 읽지 못하고 나와 애진이가 바다를 바라보는 뒷모습을 찍은 사진만 보았다.

며칠 후 분향소에 갔는데 유가족 한 분이 어떤 어르신을 모시고 내게 왔다. 신문을 들고 계신 노인이었는데, 나를 만나러 세 번이나 왔다고, 안아주고 싶어서 왔다고 말씀하셨다. 나보다 작은 노인의 품이 어찌나 따스한지 눈물이 녹아내렸다. 들리지 않는 마음들이 애진이에게 닿아 있음을 느꼈다. 보이지 않는 끈들이 나를 잡아주는 걸 느꼈다. 눈물은 슬퍼서만 흘리는 게 아님을 100일을 지내며 알게 되었다.

《한겨레》
"이제 100일 지났는데,
아빠는 평생 흘린 눈물 수백 배를 더 쏟았어"

그래도, 결심

알람 소리에 눈을 떴다. 아내는 윗집에서 나는 알람 소리일 거라며 이불 속으로 파고들어 갔다. 5분쯤 지나 또 울렸다. 애진이 핸드폰에서 알람이 울리고 있었다. "늦었어, 8시야, 회사 가야지." 습관처럼 문을 열고 애진이 방에 들어갔지만 내 눈에 보이는 건 미소 띤 사진뿐이었다. 이불 속은 홀쭉했다.

내가 애진이의 알람인 적도 있었다. 1분만 더 재우려다 5분이 30분이 되어 허둥대던 아침도 있었다. 2022년 10월 어느 날 애진이는 늦잠을 잤고 난 깨우지 못했다. 8시가 훌쩍 넘어 눈을 뜬 애진이는 9시까지 고속터미널역 인근으로 출근해야 한다며 고양이 세수를 하고 머리를 질끈 묶었다. 난 지하 주차장으로 뛰어가 차를 엘리베이터 앞에 정차하고 애진이가 오기를 기다렸다. 애진이 출근길이 내게는 여행길 같았다. 30분 남짓한 짧은 시간이었지만 애진이 회사 이야기를 들을 수 있어 무척 즐거웠다. 시간을 딱 맞춰 8시 57분에 내려 주었다. 마지막 신호등이 바뀌기를 기다리며 앞으로는 지각하지 말라고, 깨워주지도 데려다주지도 않을 거라고 했다. 차에서 내린 애진이는 나를 향해 손을 흔들고는 쏜살같이 달려갔다. 나도 모르게 손이 올라갔다. 애진이 뒷모습을 향해 손을 흔들었다.

실은 매일 늦잠 자도 되는데, 매일 데려다줘도 되는데. 차창 너머로 손을 흔들던 기억은 켜켜이 쌓여 있다. 유치원 가던 길, 초등학교에 가던 길, 대학교 때 MT 가던 길, 흔드는 손은 같은데 애진이의 모습만 점점 자랐다. 그날 출근길의 모습이 가장 나이 든 모습, 더는 없는 마지막 모습이 되었다. 스물네 살 먹은 딸이 아빠에게 그렇게 손을 흔드는 건 쉽지 않은 일이라고 스스로 다독여 보지만, 나는 안다. '할 수 있다'와 '할 수 없다'의 차이를.

가수도 되고 싶었고, 걸그룹도 꿈꾸었고, 선생님도 되고 싶어 했던 애진이는 고등학교에 입학하고 나서는 경영학에 관심을 보였다. 나는 애진이에게 인문학이나 자연과학을 전공하면 좋겠다고 했다. 대학에서 먼저 배워야 할 건 전공 지식보다 세상을 보는 눈이라고 생각했기 때문이다. "경영학에 관심이 있으면, 대학에서는 자연과학을 공부하고 대학원에서 경영학을 배우면 되지 않을까? 경영학은 범용적인 학문이니까, 너만의 주특기를 갖고 경영학을 공부하는 게 경쟁력이 있을 거야."

문과에 관심을 보였던 애진이는 내 권유를 듣고 고민하더니 결국 이과를 선택해서 생명과학을 전공하게 되었다. 그리고 대학교 3학년 때부터 경영학도 복수전공하기 시작했다. 애진이는 경영학이 적성에 잘 맞는 듯했다. 학회 활동을 하면서 밤늦게까지 자료를 만들고 발표를 준비하면서도 입가에 미소가 끊이지 않았다. 눈빛이 또랑또랑했다. 그때 사람은 결국 자기가 하고 싶은 일을 하게 된다는 걸 새삼 느꼈다. 결국에는, 언젠가는 돌고 돌아 자기가 하고 싶은 일 쪽으로 간다.

졸업반이 된 애진이는 컨설팅으로 진로의 방향을 잡았다. 다른 학교 학생들과 스터디 모임을 만들어 공부했다. 취직하고 싶은 회사에 인턴으로 들어가 실무 경험도 쌓았다. 내게는 애진이가 생명과학을 좀 더 공부하면 좋으리라는 아쉬움이 있었지만, 알아서 자신의 길을 찾고 개척하는 모습을 흐뭇하게 바라보았다. 졸업을 앞두고 애진이는 원하던 회사 두 곳에 모두 합격했다. 나는 오래 일할 거면 마음이 가는 곳으로, 나중에 다른 일을 할 거면 좀 더 이름 있는 곳으로 가라고 조언했다. 애진이는 컨설팅 회사에서 경험과 실력을 충분히 쌓은 다음, 청년들이 창업하는 걸 조언하고 투자도 하면서 이들의 성장을 돕는 일을 하고 싶다고 했다. 애진이가 나와 같은 일을 하려 한다니, 가슴이 뭉클하고 뿌듯했다. 내가 걸어온 삶을 인정받는 느낌이었다. 내 자식에게 받는 인정이 세상에서 가장 큰 칭찬임을 그날 알게 되었다.

회사에서 애진이는 두 건의 컨설팅 프로젝트를 수행하면서 매일 밤늦게 귀가해서는 또 노트북을 켜고 작업을 했다. 그래도 밝은 표정에 생동감이 넘쳤다. 무슨 프로젝트를 하는지 물어봐도 절대 말해주지 않았다. 차로 데려다주었던 고속터미널역이 유일한 단서였다. 그날 저녁 아내와 지도로 고속터미널역 일대를 보며 어느 회사의 컨설팅을 하는지 추리해 보기도 했다. 애진이가 무슨 프로젝트를 했는지는 그 회사 분들이 조문 와주셨을 때 알게 되었다. "항상 열심이고 눈에 띄는 친구였어요"라는 말에 "애진이 고객사가 어디인지 궁금했어요. 아빠에게도 말해주지 않았답니다"라고 에둘러 감사 인사를 드렸다.

애진이 휴대폰의 알람이 이제는 나를 깨운다. 일어나라고, 사는 게 힘들면 그저 하루씩만 살아내라고 애진이가 속삭이는 것 같다. 그러니, 살아야 한다. 사는 게 즐겁고 행복해야만 할 필요는 없다. 고통스러워도 살아야 한다. 난 애진이의 꿈으로 살고 싶다. 애진이의 꿈을 내가 이루고 싶다. 그리고 그 꿈을 이루는 날, 나와 내 딸이 같이 꾼 꿈이라고 이야기하고 싶다. 그게 애진이가 이 세상과 연결될 수 있는, 내가 할 수 있는 어쩌면 유일한 길이라고 생각한다. 그러니 꿈을 이루어야 한다. 오늘도 결심으로 시작한다. 결심은 방향만 있지, 아직 첫 삽도 뜨지 못했다. 그래도, 결심.

III.

아픈 시간도
머물러 있지만은
않음을

어떤 문자, 어떤 위로

카톡과 문자, SNS로 마음을 전해준 분들의 메시지는 시간이 꽤 흐르고 나서야 볼 수 있었다. 그러다가 외국에 머무르던 선배가 페이스북에 올린 글이 눈에 들어왔다. 막걸리가 놓인 소박한 저녁상 사진도 함께 있었다.

> 미국 장기 출장 근무 중입니다. 저녁 반주로 막걸리
> 한잔을 했습니다. 평생 처음 혼자 하는 막걸리 반주입니다.
> '이동막걸리' 처음 맛은 익숙한 맛이 아니라 좀 그랬습니다.
> 다 먹어가니 나쁘지 않게 기분 좋은 얼큰함을 느낍니다.
> 뒷맛은 괜찮습니다. 다만 지금 기분은 황망하고 마음이
> 아프고 그렇습니다. 서로의 삶의 가치와 색깔이 비슷해 평생
> 친구같고 동생같이 지내는 분이 이번에 귀하고 이쁜 딸을
> 하늘나라로 보냈다는 소식을 듣고 계속 문득문득 생각이

납니다. 미국 출장 근무 중이라 더욱 미안한 마음입니다.
그 아빠는 문상 온 사람들을 오히려 위로하는 말을
하였다고 합니다. '행복하게 살다가 갔다고.' 어떻게
위로의 마음을 전해야 할지 모르겠습니다. 맥주를
더 마셔야 할 것 같습니다. 미안합니다.

또 다른 선배의 카톡을 새벽에 받았다. 선배는 아들이 방황하며 집에 들어오지 않던 숱한 밤마다 집 앞 가로등 아래에서 밤을 새우며 기도했던 이야기를 꺼내며 아픔에 공감해 주었다. 그 마음이 느껴져 무척이나 고마웠고 감사의 눈물이 났다.

아직 동이 트지 않은 하늘을 보고 있는데 '인간이란 무엇인가'라는 질문이 떠올랐다. '인간은 사람과 사람과의 관계'라는 글을 신영복 선생의 책에서 발견하고는 무릎을 쳤던 기억이 났다. 사람은 각각의 개인으로 존재하지만 관계를 맺지 않으면 존재할 수 없다. 얽히고설킨 덩굴처럼 인연으로 엮여 서로를 지탱하고 서로에게 자양분을 주면서 생존한다. 머릿속에 '역사적 인간은 개별자로서의 개체는 소실되었으나 관계 속에서 살아 있고 모르던 분들에게 힘이 되어 준다'는 글귀가 떠올랐다.

차마 열지 못하고 한참동안 묵혀둔 문자 메시지들을 살펴보다가 뜻밖의 글을 읽었다. 자식을 먼저 보낸 부모로서 그 상실의 아픔을 잘 알고 있다는 내용이었다. 20년을 알고 지내온 분이었다. 머리를 한 방 맞은 느낌이었다. 우리가 알고 지내온 그 시절

중에 그분은 참척의 고통 속에 있었을 텐데 나는 아무것도 모르고 있었다. 드러내기도 버거운 고통이라 그저 속으로만 삭이며 심장이 타들어갔을 그분의 고통이 인제야 오롯이 느껴졌다.

나도 누군가의 장례식에 가면 망자에 대한 기도보다 상주 자리에 선 지인의 슬픔에 더욱 공감했다. 적절한 위로의 말을 찾는 게 쉽지 않았다. 그러니 자식을 먼저 보낸 아비에게 건넬 위로의 말을 찾기 어려웠을 것을 쉽게 짐작할 수 있었다. 그 말을 찾지 못해, 그 말을 건넬 용기가 없어서 연락조차 하지 못한 이들도 많았다고 한다. 그 마음도 이심전심 알겠다. 그래도 눈에, 귀에 닿은 위로는 시간이 지날수록 선명해지며 나를 지탱하는 힘이 되었다. 상처 입은 사람에겐 공감과 위로가 밥이 되고 약이 된다는 걸, 내 상처가 드러나고 나서야 알게 되었다.

슬픔은 서로 비교할 수 없다. 누구나 자신만의 슬픔이 있고 자기 슬픔이 가장 크다. 하지만 다른 이의 슬픔에 손을 내밀 때, 내 슬픔은 크기는 그대로여도 고통은 견딜 수 있을 만큼 줄어든다. 그러고 나면 비로소 나의 슬픔을 누군가에게 꺼내놓을 수 있게 된다. 꺼낸 슬픔은 다른 슬픔과 만나 더 큰 슬픔이 된다. 희한하게도 슬픔이 커지는데 고통은 줄어든다. 나만의 슬픔이 아니라 우리의 슬픔이 되기 때문이다. 우리의 슬픔은 제 스스로 길을 찾아간다. 그리고 결국엔 긍정의 에너지로 바뀌어 우리를 지탱하고 이끄는 원동력이 된다.

끝모를 고통이 수십, 수백 번 반복되고 나서야 이런 마음이 겨우 들기 시작했다. 그리고 이 마음은 아주 천천히 머리에서 가슴으로 내려오고 있다. 지금 이 마음이 어디에 머물러 있는지는 모르겠다. 다만 언젠가는 가슴을 거쳐 다리까지 이르기를 매일 소망하고 있다.

신입사원 애진이의 추도식

'그날' 이후 보름쯤 지났을까, 애진이 회사에서 전화가 왔다. 그 즈음에 나는 전화를 걸지도 받지도 못했다. 누군가와 말을 섞는 일이 너무 버겁고 힘들어 목소리를 내기조차 어려웠다. 하지만 애진이 회사니까 전화를 받지 않을 수 없었다. 애진이 추도식을 열기로 했다며 우리 부부를 초대하고 싶단다. 고마웠다.

애진이는 진로를 고민하면서부터 컨설턴트가 되는 꿈을 꾸었다. 컨설팅을 통해 기업이 돌아가는 핵심을 배우고 경험하고 싶다고 했다. 그러고는 대학생, 젊은이, 여성의 창업을 도와주고 함께 고민하며 해법을 제공하고 길을 제시해 주는 일을 하고 싶다고 했다. 시작은 다르지만 결국 나와 같은 길을 걷고자 했다. 나는 벤처 투자가로서 애진이와 함께하는 삶을 남몰래 꿈꾸었다.

전화를 받고 금요일이 오기까지 나는 줄곧 추모식을 상상했다. '어깨 처지지 말고 밝고 즐겁게 인사말을 해야지, 애진이라면 그런 아빠의 모습을 좋아할 테니까.' 그렇지만 과연 내가 그리할 수 있을까, 눈물에 목이 메어 말도 잇지 못하는 게 아닐까 염려가 산처럼 쌓여갔다. 추모식을 마치고 온 밤에 애진이에게 편지를 썼다.

애진아,

아빠가 네 회사에서 열어 준 네 추모식(Memorial Town Hall)에서 울지 않고 잘 말했어. 생각했던 말도 몇 개 놓치고 순서도 조금 꼬였지만 그래도 씩씩하게 말했어.

"우리 애진이는 이곳에 다니는 걸 자랑스럽게 여겼어요.
저도 자랑스러웠어요. 회사 이름도 멋지지만, 그보다
내 아이가 꿈을 이루기 위해 도전하고 노력하던 모습이 더욱
자랑스러웠고 뿌듯했습니다. 오늘 와서 보니 회사 미션에
'exceptional person이 되자'라고 쓰여 있더군요. 저는
이 회사가 더욱 훌륭한 회사가 되고 여러분들이 특출난
사람이 되기를 바랍니다.

애진이는 프로페셔널한 친구였어요. 제게도 자기가 맡은
프로젝트에 대하여 함구했어요. 저는 이제야 애진이의 다음
목표를 알게 되었어요. 최연소 파트너가 되는 것이었답니다.
여러분이 애진이 꿈을 대신 이루면 좋겠습니다. 애진이가
9월에 입사하게 된 덕분에 저는 애진이와 함께 봄에는

한 달 동안 스페인도 다녀오고 여름에는 에든버러에서 만나 런던까지 여행할 수 있었습니다. 돌이켜보니 더없이 소중한 추억이 되었네요. 그 추억을 만들 수 있게 해준 회사에 감사합니다.

사람들은 화산이나 지진에 속수무책으로 무너지곤 합니다. 하지만 그 에너지를 활용하기 위해 지금도 연구하고 있죠. 여러분이 애진이로 마음 아파하는 것은 오늘부로 끝내기를 바랍니다. 그 마음을 자신을 키우는 에너지로 바꿀 수 있기를 바랍니다. 이 자리를 만들어주셔서 고맙습니다. 이제부터는 울지 말고 잘 살기를 바랍니다."

끝까지 울지 않고, 담담하고 씩씩하게 말했어. 난 네 아빠니까, 정말 온 힘을 쥐어짜서 마음을 다잡았어. 엄마가 잘했다고 칭찬해 주었어.

추모식에서는 애진이 사진으로 만든 동영상을 틀어주었고 애진이를 추억하는 동료, 선배들의 인사말이 있었다. 아내는 울먹이며 말했고, 나는 웃으며 말했다. 애진이에게 주는 감사패를 받았고, 편지와 사진을 모아 예쁘게 제본한 책을 받았다. 집에 돌아와 애진이 방에 감사패와 책을 두었다.

용기를 내어 유가족협의회로

얼마나 미루면 죄가 되는지 모르지만, 언제까지고 사망 신고를 미룰 수는 없었다. 그래도 먼저 가봐야 할 곳이 있었다. 애진이가 마지막 숨을 쉬었던 곳, 이태원 골목이다. 애진이와 함께 떠난 이들에게도 인사를 해야 했다. 전날까지 있었다는 분향소는 철거되고 이태원역 1번 출구부터 도로 한 차선을 막고 시민들이 놓아준 조화와 희생자의 사진들, 시민들이 쓴 추모 글들이 빼곡히 붙어 있었다. 애진이가 마지막 저녁 식사를 하고 회사 동료들과 환하게 웃으며 사진을 찍었던 음식점은 골목이 시작되는 곳 바로 옆에 있었다. 골목은 두 사람이 팔을 벌리면 양 끝이 닿을 거리였다.

'여기서 떠났구나. 여기서 마지막 숨을 쉬었구나.'
눈물도 나오지 않았다. 다만 숨을 쉬기가 힘들었다.

주민센터에 갔다. 호적에서 애진이를 지우는 데에는 10분도 걸리지 않았다. 창구 직원이 머뭇거리며 서류를 내밀었다. 주는 이도 받는 이도 말이 없었다. 누군가의 이름을 지우는 일을 맡는 건 얼마나 고역스러운 일인가. 애진이를 직접 알지는 못해도 '이태원, 도로, 변사'라는 글자를 보며 마음이 편치 않았으리라. 하지만 나는 그 수고에 인사를 드릴 여력조차 없어서 고개만 한 번 끄덕이고 발걸음을 돌려 주민센터를 빠져나왔다. 기운이 줄줄 흘러내리면서 다리가 풀렸다. 잠시 길가에 쪼그려 앉아 하늘만 바라보았다.

이제 애진이는 이 세상에 서류상으로도 존재하지 않는다. 하늘이 맑은데 내게만 비가 내렸다. 집으로 돌아오는 길에 아내에게 말했다. "이제 우리의 시간이다. 우리가 애진이를 받아들일 시간이다. 어떻게 받아들일지는 우리의 숙제다. 애진이는 엄마와 아빠가 자신을 슬픔으로 받아들이는 걸 원하지 않을 거야. 그냥 견디는 게 아니라 더 밝고 더 활기차게, 생의 에너지로 받아 안기를 바랄 거야. 난 그렇게 믿어."

집에 와서 애진이 영정사진을 보고 말했다.
"이제 다 끝났어. 이제부터 너는 그저 평안히 쉬면 돼."

아내는 애진이 침대에 쓰러지고 말았다. 아무 소리도 없이 어깨만 들썩였다. 우리는 함께 무너졌다.

그다음 날 우연히 페이스북을 눌렀다가 이태원 참사에 대한 정부의 행태를 규탄하는 성명서를 보았다. 경찰이 차도를 막고 인파를 인도로 밀어 올려 그 골목에 사람이 꼼짝달싹하지 못했던 그 시간들, 한 시간을 훌쩍 넘기고서야 이미 정신을 잃은 사람들을 구조하기 시작했고, 그 사이 사람들이 선 채로 죽어갔다는 글을 보고 가눌 수 없는 고통과 제어할 수 없는 분노가 치밀었다.

나는 '그날' 이후 TV를 본 적이 없었다. 인터넷 뉴스도, SNS도 열어보지 못했다. 그날 밤 이태원에서 무슨 일이 일어났는지도 알지 못했다. 매일 밤 애진이가 돌아오기를 기다리다가 애진이를 찾아 헤매던 날을 떠올리는, 바람과 현실을 오가는 도리질을 반복하며 눈 뜨고 눈 감기를 반복하고 있을 뿐이었다. 하지만 애진이의 마지막 시간, 그 진실과 마주할 날이 점점 다가오고 있음을 느꼈다. 그날이 오면 나는 어찌 될 것인지, 어찌할 것인지는 상상할 여력이 없었다. 처음으로 나를 위한 기도를 올렸다. 나를 분노에서 끌어내려 주시고 평안과 긍정 속에서 다음을 준비할 힘을 주시기를 빌었다.

그렇게 지내던 날들 사이로 한 통의 문자가 날아들었다. 이름 모르는 유가족이 보낸 문자였다. 짧은 문자였지만 가슴에 큰 파도가 몰려왔다가 사라지기를 반복했다. 나와 같은 고통 속에 있는 사람이 있다는 게 믿어지지 않았고, 반갑기도 하고 안타깝기도 했다. 누워 있던 문자 속 글들이 일어나 반딧불처럼 어둠

속을 헤엄치며 길을 내어주는 듯했다. '이게 동병상련이구나.'

참사 초기부터 다른 유가족을 만나고 싶었다. 내 어깨를 내어주고 마음껏 우시라고 말하고 싶었다. 나도 누군가의 어깨에 머리를 파묻고 울고 싶었으니까. 하지만 걱정도 되었다. 유가족 모임이 단순히 분노를 표출하는 장이 되면 곤란하다고 생각했다. 긴 호흡으로 진상을 규명하는 게 중요하다. 유가족들의 교집합은 진상 규명에 대한 바람이다. 그렇지만 울분이란 녀석은 시도 때도 없이 차올랐다. 더구나 울분은 어디로 튈지 모르는 에너지이다. 울분은 내 몫이니 혼자 눈물로 삭이고 나의 행동은 애진이에 대한 사랑만을 원동력으로 삼고 싶었다.

아내와 한참을 이야기했다. "애진이라면 어땠을까?", "참여했겠지." 우리의 결론은 같았다. "정치에는 관심을 보이지 않았지만, 환경문제나 사회문제에는 명확한 입장이 있던 친구니까." 유가족협의회에 참여하는 것이 애진이에 대해서도 우리 사회에 대해서도 의무라는 생각이 들었다. 하지만 조심스러웠다. 애진이가 참사의 희생자이지만, 그게 애진이를 말하는 전부가 되는 건 원하지 않았기 때문이다. 몇 번을 망설이다 문자로 답을 보냈다.

유가족 단톡방에 초대되었다. 이미 100명 가까운 유가족들이 모여 있었다. 하룻밤 사이에 많은 글들이 눈처럼 소복이 쌓여 있었다. 모두가 마음 아픈 글이었다. 예쁘게 살다 간 아이 이야기, 참사의 밤에 아이를 찾아 헤매던 이야기, 분노와 슬픔이 한데 뒤섞여 있다. 어디 하소연할 곳도 없고 세상 어디에도 말을 들어줄 곳이 없으니 이 작은 방에 쌓인다. 그 이야기들을 하나하나 읽을수록 가슴이 점점 더 미어졌다. 그날 이후 카톡을 수시로 열어보았다. 이야기 하나라도 놓칠까 마음이 조심스러웠다. 세상 어둠 속에 나 홀로 고립되어 나만 아픈 줄 알았는데, 나도 함께 아픈 거였다.

유가족(遺家族), 남은 가족이라는 이 말은 곱씹으면 곱씹을수록 피눈물이 배어 나온다. 슬픔을 공유하는 인연이지만 묘하게도 슬픔도 함께 있으면 견딜만하다. 마음을 둘 곳이 있다는 건 진정 고마운 일이다. 하늘을 나는 새들도 땅에 내려와 잠을 자듯이 떠도는 마음도 잠시 머물러 쉴 곳이 있어야 한다. 나는 내 표정과 닮은 유가족들의 얼굴에서, 내 눈물에 보태도 좋을 그분들의 눈물에서 쉴 곳을 찾았다.

분향소 이야기 1

광화문 사거리 이순신 장군 동상 근처에 세월호 참사 분향소가 있었다. 여러 해 동안 그 자리에 있었다. 어떤 때는 일부러 찾아가고 어떤 때는 일이 있어서 근처에 갔다가 들르기도 했다. 어떤 날엔 영정으로 남은 아이들이 가여워서 울었고, 어떤 날엔 '진상 규명'이라 쓰인 피켓을 들고 선 엄마 아빠들의 모습이 짠해서 울었다. 유가족께 예의가 아닌 것 같아 골목에서 몰래 눈물을 훔치던 날들이 있었다. 노란 리본도 여러 번 받았는데, 받는 것도, 가방에 메고 다니는 것도 쉬운 일이 아니었다. 내가 무언가를 한다는 결기뿐만 아니라 누군가의 시선을 신경 쓰지 않을 수 있는 용기가 필요했다.

그리고 수년이 흘러 녹사평에도 분향소가 생겼다. 나는 그곳에서 영정사진으로 걸린 애진이를 만났다. 무척이나 추워서 눈물마저 금세 얼던 겨울날이었다. 그날부터 매일 분향소에 갔다. 시간이 갈수록 애진이 옆에 있는 걸린 사진들이 시나브로 눈에 들어왔다. 모두 생의 에너지가 가득 찬 모습이었다. 밝게 웃는 얼굴을 보며 이름을 소리 내어 불러도 보고 나이도 살펴봤다. 이름으로 만난 이들이라 몇 번을 봐도 쉽게 기억되지는 않았다. 그저 보고 또 보았다. 애진이 언니, 오빠, 친구, 동생 이름들은 내게 그렇게 각인되었다. 애진이가 새로 사귄 친구들과 함께 외롭지 않기를 매일매일 기도했다. 분향소에서 시민들에게 인사를 하고 국화꽃을 정리하는 아내의 모습이 조금은 편안해 보였다. 초점 없는 눈동자에 스위치가 켜진 느낌이었다. 애진이를 위해 뭔가 할 수 있는 일이 있어서일 거다. 나도 그랬다.

매서운 추위에도 많은 시민들이 조문해 주셨다. 어떤 분은 눈물을 흘리셨고, 어떤 분은 찬 바닥인데도 큰절을 하셨다. 그저 고마웠다. 심장이 다시 펌프질을 시작하며 뜨거워지는 느낌이었다. 기억하고 싶어서 한 분 한 분 바라보았다. 조문하는 시민과 나는 서로 말없이 고개 숙이며 인사만 나누었지만 서로의 몸에서 촉수가 뻗어 나와 손을 맞잡는 느낌이었다. 덕분에 숨을 쉴 수 있었다.

참사 후 100일째 되던 날, 우리는 아이들의 영정사진을 들고 추모제가 열리는 광화문광장을 향해 걸었다. 차로는 익숙한 길이었지만 걷는 건 낯설고 멀었다. 걷는 동안 100일의 의미를 생각했다. 숫자에 의미를 부여하고 그걸 삶의 기준으로 삼는 게 오랜 인류의 습성이겠지만 떠난 지 100일이 되는 날에 도대체 뭘 떠올려야 할지 알 수 없었다. 그러면서도 100일을 기다린 게 나였다. 뭐든 인연의 끈을 만들고 싶었다. 애진이와 연결된 끈을 놓고 싶지 않았다.

이미 경찰이 광화문광장을 막고 있다는 소식이 전해졌다. 마음을 다잡고 걸었다. 시청 앞에서 멈춘 대열은 이곳에 분향소를 세우겠다고 선언했다. 순식간에 경찰들이 몰려와 대열을 에워쌌다. 나는 맨 앞으로 달려가서 경찰을 몸으로 막아섰다. 애진이보다 어려 보이는 앳된 청년들이었다. 애진이 영정사진이 손상될까 봐 높이 들고 소리쳤다, 그만 물러가라고, 그렇게 밀어대면 너희도 다친다고. 유가족 뒤에 많은 시민들이 몸으로 바리케이드를 치고 분향소 설치를 지켜주었다. 경찰들도 더이상 밀어붙이지 않았다. 시민분향소가 서울광장 한 모퉁이에 세워졌다.

참사 직후 정부가 분향소를 세웠다고 어느 유가족이 말했다. 난 그런 게 있었는지도 몰랐다. 정부가 국가애도기간도 선포했다고 했다. 그것도 몰랐다. 영정사진도 이름도 없는 분향소였다고 했다. 뭐가 그리 급해서 영정사진 없는 분향소를 차리고 국가애도기간을 선포했을까. 그러고는 이제 할 만큼 했으니 그만 잊으라고 강요한 걸까. 참사에 책임이 있는 자 누구도, 대통령도 시민분향소에 오지 않았다. 이들이 숙제하듯 다녀간 정부분향소에서는 희생자들의 얼굴을 보고 이름을 부르며 애도하지 않았다. 이름 없는 애도를 애도라 부를 수 있을지 나는 알 수 없었다. 치욕스러웠다. 이 감정이 사람으로서 마땅히 가질 수 있는 감정인지, 피해망상에 젖어 잡초처럼 땅 위로 삐져나온 감정인지 분간이 되지 않았다. 질문이 하나 더 늘었다.

서울시가 곧바로 분향소 철거를 예고하고 나섰다. 전기도 끊었다. 추위보다 더 떨리는 건 불안이었다. 24시간 내내 교대로 당번을 섰다. 유가족 모두 결연해졌다. 우리는 이제 여기가 아니면 갈 곳조차 없었다. 시민대책회의에서 서울시 철거 예고 규탄 기자회견을 열었다. 유가족들이 앞에 두줄로 앉고 뒤에 국회의원들, 종교인들이 섰다. '함부로 철거하지는 못하겠구나'라는 생각이 들었다. 기자회견도 무사히 끝나고 시민들도 많이 와 주셔서 안심하고 집에 다녀올 수 있었다.

분향소를 지키며 생면부지의 사람들을 위해 먼 길을 마다치 않고 오시는 분들, 먹을거리나 손 편지를 들고 오시는 분들, 추모 리본을 만들어 오시는 분들을 보며, 그분들을 여기까지 이끈 마음이 무엇인지 생각했다. 굳이 오지 않아도 되는데 오지 않으면 안 될 것만 같은 마음, 그 마음의 이름이 공감이라는 걸 서서히 알게 되었다. 사람의 양심이 모여 공감이 된다. 공감은 사람이 모여 사는 사회를 지탱하는 보이지 않는 끈이다. 지금은 나를 지탱하고 이끄는 생명줄이자 동아줄이다. 그분들의 마음이 비누가 되어 내 마음의 때를 벗겨주었다. 분노와 원망 대신 긍정의 옷을 입혀주었다. 집에선 한없이 추락하는데 분향소에선 날개가 돋는 듯했다. 적어도 숨은 쉴 수 있었다. 그래서 나는 매일 분향소에 갔다.

159번째 희생자

애진이가 떠나고 44일째 되는 날, 인터넷을 잠시 열었다가 '이태원', '생존자', '악성 댓글', '자살'이라는 글자가 눈에 박혔다. 고등학생인 이태원 참사 생존자가 스스로 목숨을 끊었다는 뉴스였다. 친구들과 셋이 갔던 이태원 골목에서 혼자만 돌아와 지냈던 마흔네 밤이 얼마나 외롭고 쓸쓸했을지 그 고독의 심연을 상상할 수도 없었다. 겨우 살아 나온 골목을 제 발로 걸어 들어갔다는 게 가여워 가슴이 찢어졌다.

내 눈에는 애진이만 보였다. 하지만, 어느 고등학생의 처절한 선택은 애진이 혼자 떠난 게 아님을, 이태원 골목이 사회적 참사의 현장임에 눈을 뜨게 했다. 세상을 등지고 애진이만 생각할 일이 아니었다. 내 안의 슬픔에만 머무른 채 다른 이의 아픔에 눈을 돌리지 못하는 건, 애진이가 떠난 의미를 제대로 간직하는 것이 아니었다.

3일이 지나고 국무총리가 기자들 앞에서 했다는 말을 들었다. "본인 생각이 좀 더 굳건하고 치료를 받겠다는 생각이 더 강했으면 좋지 않았을까 생각한다"라는. 귀를 의심했다. 이게 한 나라의 국무총리가 할 말인가. 어른이 소년에게 할 말인가. 그의 말은 희생자를 모욕하는 2차 가해였고 인터넷에 난무하던 패륜적인 댓글에 면죄부를 주었다. 분노가 끓어올랐다.

159번째 희생자가 떠나고 100일이 되어 추모제가 열렸다. 그래도 우리는 함께 100일을 견뎠는데 재현이 엄마 아빠는 100일을 어찌 견뎌왔을지 마음이 너무 아팠다. 시작에 앞서 재현이 영정사진을 제단 위에 올렸다. 장난기가 채 가시지 않은 사내아이가 활짝 웃고 있었다. 문득 재현이가 어두운 골목으로 간 게 아니라 빛을 따라간 건지도 모르겠다는 생각이 들었다. 2차 가해가 난무하는 이곳이 재현이에게는 기약 없는 어둠이었으리라. 저 해맑은 미소를 빼앗기지 않으려 친구들이 있는 곳으로 떠나간 걸까.

"그저 평범한 고등학생이었어요."
재현이 엄마의 말투는 담담했다. 참사의 밤이 지나고 가슴을 쓸어내리는 안도감 뒤로 초점이 사라진 아들의 눈을 보며 걱정이 산처럼 쌓여갔을 텐데, 아무리 안아주어도 가슴 한편이 차가운 아이의 체온을 느끼며 무기력함도 느꼈을 텐데, 저 스스로 골목으로 돌아간 아이를 마주하며 맞닥뜨린 절망 앞에서 차라리 자신이 대신 떠나기를 소망했을 텐데. 목소리는 담담했고, 표정에선 감정을 읽을 수 없었다.

난 그 담담함에 가슴이 시려 눈물만 흘렸다. 추모제가 끝나고 재현이 엄마 아빠와 인사를 나누었다. 어떤 말을 드려야 할지 몰라서 "재현이 참 이쁘네요"라고 말하고는 재현이 아빠를 와락 끌어안았다. 그날 추모제에는 평소보다 유가족들이 많이 왔다. 모두 같은 마음으로, 말없이 눈물 맺힌 눈빛을 나누며 마음이 단단해지는 시간이었을 것이다. 밤하늘에서 재현이의 별을 찾으면서 참사가 희생자뿐만 아니라 생존자에게도 여전히 진행 중임을 느꼈다. 생존자가 희생자로 바뀌는 비극이 더 이상 일어나지 않기를, 참사가 이제 끝이 나기를 간절히 빌었다.

애진이 장례식장에 다리에 깁스를 하고 찾아왔던 친구가 떠올랐다. 내색은 하지 않았지만 애진이와 함께 이태원에 갔다가 다쳤다는 걸 짐작할 수 있었다. 아내는 아무 말도 못 하고 울기만 하던 그 친구를 꼭 안아줬다. 와줘서 고맙다고, 얼른 나으라고 말했다. 아내와 나는 그 친구에게 이름을 묻지 못했다. 우리는 아직 애진이의 회사 동기들에게 그 밤의 일을 묻지 못한다. 이미 떠난 애진이가 돌아올 수도 없고, 그 친구들이 편안해야 애진이도 편안할 것이 명확하기 때문이다. 그 친구들에게 더 이상 애진이가 아픔이 아니어서 애진이를 함께 추억할 때가 오기를 기다릴 뿐이다.

삭이기까지 오래 걸린 말이 있다. 애진이 장례식에 조문 온 선배가 자기 애도 그날 밤 이태원에 있었다고 했다. 분명 위로의 말이었을 텐데 시간이 지날수록 그 말이 가슴에 걸렸다. 순간의 차이로 갈렸더라도 생과 사의 차이는 크다. 살아 있다는 건 미래가 있다는 거다. 미래는 바뀔 수 있다. 희망이라는 한 줄 끈이 있다. 끈은 생과 생을 연결한다. 내 고통의 근원은 애진이에게, 애진이와의 미래가 없다는 것이다. 우리를 연결했던 끈이 힘없이 늘어지고 나의 미래도 사라졌다. 그러니 누군가 그 공간에 함께 있었다는 말이 무슨 위로가 될 수 있을까.

어느 날은 그 말이 조롱처럼 들렸다. 누구는 살아서 다행이고 누구는 살아오지 못해서 불행이라는 말, 그 말은 부모인 내게 자식을 지키지 못했다는 멸시의 말로 들렸다. 어느 날은 가식으로 들렸다. 거울에 비친 내 얼굴에 세월호 희생자들의 영정 사진을 보고 골목에 숨어서 눈물짓다가 집에 돌아와서는 잠든 아이들을 보며 다행이라고 뇌까리던 내 모습이 겹쳤다.

그 말에 담긴 진심을 찾은 건 이렇게 한참을 뒤틀린 다음이었다. "우리 애도 그날 밤 이태원에 있었어요"라는 말은 "우리 아이도 이태원에 놀러 갔어요. 이태원은 누구나 갈 수 있는 곳이에요. 놀러 간 것은 잘못이 아니에요. 힘내세요"라는 뜻인 걸 나는 뒤늦게 깨달았다. 선배의 말은 '이태원에 놀러 갔다 죽었다'라는 프레임을 거부하고, 내 슬픔에 공감하는 말이었다. 프레임에 갇혀 있던 건 오히려 나였다. 위로의 말을 똑바로 듣지 못하고 선배를 미워할 뻔한 내가 부끄러웠다.

참사 후 100일을 맞아 국회에서 열린 추모행사에서 참사 생존자가 처음으로 나와 증언을 해주었다. 가장 힘들었던 건 조롱의 댓글이었다고 울면서 간신히 말을 이었다. 오로지 희생자와 유가족에게 미안하다는 말로 발언을 마쳤다. 행사가 끝나고 아내가 그분께 다가가서는 잠시 인사를 하고 손을 잡으며 말했다. 미안해하지 말라고. 미안해하는 건 국가의 몫이라고. 살아줘서 고맙다고, 다 잊고 당신의 삶을 살라고.

생존자와 유가족이 부둥켜안고 한참을 울었다. 나 역시 울었다. 생존자가 살아주어 고마워서, 어른의 말을 건넨 내 아내가 고맙고 자랑스러워서. 그날 밤 애진이에게 편지를 썼다. "애진아, 너의 죽음은 사회적 죽음이었구나. 너를 보낸 지 100일이 되어서야 비로소 네 죽음의 다른 얼굴이 보이기 시작한다."

축 늘어져 있던 애진이와 나를 잇는 끈이 조금씩 팽팽해지는 걸 느끼기 시작했다.

진실을 알고 싶을 뿐인데

2023년 1월 어느 날 집으로 등기우편이 배달되었다. 발신인은 경찰이었다. 봉투를 뜯어보니 '이태원 참사 특별수사본부 수사 결과'라는 문건이 있었다. 참사 직후부터 경찰이 대대적으로 수사를 한다고 했지만, 누구를 조사하고 무엇을 수사하는지 당사자인 유가족도 알 수 없었다. 그저 언론을 통해 꼬리 자르기식 수사가 이루어진다는 기사만 가끔 접할 따름이었다.

어떤 진실이 담겨 있을지 궁금했다. 떨리는 마음으로 서류를 읽는데, 제목과 달리 내용이 읽히지 않았다. 찬찬히 다시 읽어보니 실제 내용은 단 한 줄이었다. 군중유체화로 사망했다는 거였다. 사전에도 없는, 생전 처음 접하는 단어가 낯설고 당혹스러웠다. 신문 기사를 통해 '개인 의지와는 무관하게 군중이 한 덩어리로 유체, 즉 흐르는 물체처럼 움직였다'는 뜻이라는 걸 알 수 있었다. 그게 다였다.

도대체 그 많은 시간을 어떻게 써버린 건지 궁금했다. 왜 이태원 골목 밖으로는 시선을 돌리지 않았던 건가. 골목은 참사의 현장일 뿐, 참사의 진실을 알려면 골목 밖도 살펴야 한다. 특수본 보고서는 총상 사건을 두고, 총에 맞았다고 수사 결과를 말하는 것과 다름아니었다. 총에 맞은 사람이 있다면 누가 쐈는지, 총은 어디서 났는지, 왜 쐈는지를 밝혀야 한다. 내가 아는 수사는 그렇다. 그날 이태원에 인파가 몰릴 거라는 건 방송을 통해서도 예고가 되었고, 경찰과 지자체의 사전 회의 내용에도 들어가 있었다. 그런데 인파 밀집에 대해 무슨 대응 계획이 수립되고 실행되었으며, 당시 대응이 제대로 이루어지지 않은 이유가 무엇이었는지, 관련하여 누가 어떤 지시를 했는지 아무도 대답하지 않았다.

얼마 뒤에 이태원 참사 국정조사가 끝났다. 기대해 봐야 소용없을 거라고 아내에게 말하곤 했지만 사실 기대가 없지는 않았다. 법을 어겼는지를 묻는 것에 머무르는 게 아니라 참사를 재구성할 수 있는 자리였기 때문이다. 지푸라기라도 붙잡는 심정이었다. 그러나 국정조사는 파행을 거듭하다 빈손으로 끝났다. 애당초 예고된 파행이었다. 국정조사에 대한 여야 합의를 국회 예산안과 결부시키느라 조사가 시작되기까지 한 달이 걸렸다. 충분하지 않은 기간마저 가리고 덮고 회피하기에 바빴다. 참사 관계자 대부분이 요구받은 자료를 제출하지 않았고, 자기 책임을 아랫사람에게 떠넘기고 회피하면서 시간을 때우는 데만 급급하였다. 증인 선택이나 결과보고서 채택에서도 파행은 계속되었다.

참사를 직면하는 건 누구에게나 힘들다. 덮고 싶고, 없었던 일로 치부하고 싶다. 그럼에도 불구하고 우리는 참사를 직면해야 한다. 참사가 왜 발생했는지, 어떻게 조처했는지 진상을 밝혀야 한다. 어떤 사회든 사고가 없을 수는 없기 때문이다. 참사는 또 일어날 수 있다. 그래서 참사가 발생했다면, 그 상황이 왜 일어났는지, 그 상황 속에서 어떤 행위를 했는지, 그 이유는 무엇인지 밝혀야 한다. 그래야 상황을 완벽하게 이해하고 대안도 마련할 수 있다. 시험에서 틀린 문제는 귀찮고 힘들어도 다시 살펴봐야 한다. 그래야 두 번 다시 틀리지 않을 수 있다.

정부와 여당은 몇 차례나 진상을 규명하겠다고 언론을 통해서도, 우리를 직접 만나서도 말했고, 나는 그걸 약속으로 받아들였다. 그래서 믿었다. 믿고 싶었다. 믿지 않으면 숨을 쉴 수가 없었기에 믿었다. 결국 국정조사가 끝나던 날 밤, 나는 속절없이 무너졌다. 국정조사의 후유증은 오래갔다. 어느덧 움이 트고 매화 꽃망울이 터지려 했지만 나는 겨울 속으로 더 깊이 내려가고 있었다. 마음을 둘 수 있는 곳은 분향소밖에 없었다. 영정사진으로 애진이를 만나서는 보고 또 보았다. 묻고 또 물었다.

그즈음 시울광장 분향소에서는 날마다 시민 추모제가 열렸다.

그날 첫 무대를 민중가수 이해규 님이 열었다. "그날은 오리라"는 말로 노래가 시작되는데 노랫말과 멜로디가 익숙했다. 〈벗이여 해방이 온다〉라는 노래였다. 대학 시절 참 많이 듣고 따라 부르던 노래였다. 10여 년 전 참석했던 김세진 열사 이장식의 장면이 떠올랐다. 그날도 이 노래를 함께 불렀다. 나는 그 기억들을 어쩌지 못하고 눈물을 흘리며 나직이 노래를 따라 불렀다. 눈물 사이로 애진이 영정사진을 보았다. 김세진 열사가 이천 민주화 공원으로 오던 날 나는 애진이에게 같이 가자고 했고, 중학생이었던 애진이는 흔쾌히 따라왔다. 이런 삶도 있었음을, 이런 죽음도 있었음을 어린 애진이에게 보여주고 싶었다.

이해규 님의 노래가 끝나고 행사 진행자가 내게 발언을 요청했다. 앞에 나가서 발언한 적이 없었기에 저어했지만, 노래에 대한 고마움을 전하고 싶었다. 먼저 앞서 나온 노래가 김세진, 이재호 열사 추모곡이라고 이야기했다. 그리고 청중들 위로 펼쳐진 하늘을 둘러보았다. 서해용사들을 추모하는 플래카드가 서울시청 벽면을 가득 덮고 있는 게 눈에 들어왔다.

> "어떤 사람들은 서해 용사들과 이태원 참사 희생자를 비교하려고 합니다. 그런데 이건 논리에 맞지 않는 이야기입니다. 서해 용사들은 '국민'의 생명과 안전을 지키다 순국하셨습니다. 마땅히 추모하고 기려야 합니다. 반면에 이태원 참사 희생자들은 안전을 보장받아야 하는 '국민'입니다. 참사의 그날 국민을 지켜야 하는 경찰과

공무원들은 맡은 바 책임을 방기했습니다. 서해 용사들과
비교해야 할 사람들은 참사 희생자들이 아니라 바로 이들,
경찰과 공무원들입니다. 국민을 지킨 분들에게 상을 드려야
하듯이, 그렇지 않은 자들은 처벌해야 합니다. 그런데 정부는
엉뚱한 비교와 부조리한 논리로 이태원 참사를 덮으려
합니다. 서해 용사들을 위해 눈물을 흘리는 대통령이라면
참사를 방기한 공무원들에게 불호령을 내리고 엄벌에
처해야 합니다. 소를 잃더라도 외양간은 고쳐야 합니다.
그래야 반복되지 않습니다."

동이 틀 무렵 애진이에게 짧은 편지를 썼다.

"사랑하는 내 딸, 애진아, 어쩌면 세상은 선물로 받은 게
아니라 숙제로 사는지도 모르겠다. 그러면 좋겠다. 넌 숙제를
일찍 다 해서 하교하고 아빠는 숙제를 다 하지 못해 남아서
숙제를 하고 있고, 그런 거면 좋겠다. 그런 거면 참 좋겠다."

눈물도 마른다: 이상민 탄핵 기각을 보며

우리나라의 재난 및 안전 관리를 책임지는 행정안전부 장관이 이태원 참사가 발생한 지 100일이 지나도록 직을 유지하고 있다. 오히려 재난안전시스템을 배우러 미국에 간단다. 책임자로서 스스로 직을 내려놓을 양심이 있을 거라 생각했지만 그리하지 않았다. 오히려 그는 아랫사람에게 책임을 미루거나 몰라서 못했다는 식의 비루한 논리로 자신을 보호하기에 바빴다. 어느 조직이든, 사회든 큰 문제가 발생했을 때 누군가 총체적인 책임을 진다. 이런 일들은 여러 사안들이 복잡하게 얽혀 있기에 이들을 관장하는 위치에 있는 사람이 책임을 진다. 이런 책임은 개인의 책임을 묻는 게 아니다. 우리가 실수와 잘못을 되풀이하지 않겠다는 약속에 가깝다.

국회는 미국에서 돌아오자마자 그를 탄핵했다. 우리나라 헌정

사상 최초로 이루어진 장관 탄핵이다. 봄이 되자 이태원 참사 진상 규명을 위한 특별법이 발의될 준비를 하였고 헌법재판소에서는 이상민 탄핵 심판을 진행하였다. 매일 아침 아내와 나는 지하철역까지 같이 가서 반대 방향으로 지하철을 탔다. 나는 회사로, 아내는 서울광장 분향소로, 용산구청으로, 국회로, 시청으로 달려갔다. 아내가 내 짐까지 짊어졌다는 생각에 출근하는 발걸음이 천근만근이었다. 저녁마다 아내가 하루의 일들을 말해주었다.

"이태원 참사 유가족들이 시청에서 서대문까지 도로를 행진하는데 배치된 경찰이 2명뿐이어서, 버스가 행렬의 중간으로 가로질러 가는 등 아찔한 순간이 많았어. 경찰들이 어디 갔나 궁금했는데, 광화문 쪽에 경찰들이 겹겹이 인의 장막을 쳤더라. 그 장막 안에서 무슨 일이 일어나고 있는지 몰랐는데, 나중에 알고 보니 양회동 열사 장례 행진을 겹겹이 막아놓았던 거였어."

2023년 6월 12일, 아내가 헌법재판소 앞에서 열린 기자회견에서 발언했다. 아내가 초안을 잡고 내가 손을 보탰다.

    존경하는 재판관님들께 호소드립니다.

    어제 국가인권위원회 상임위원 한 분이 '이태원 참사는 당사자들이 몸 주의해서 발생한 참사'라는 막말을 쏟아냈습니다. 현장에서 그 말을 듣고 눈물이 쏟아졌습니다. 국가가 무엇인지, 국가가 왜 필요한지, 국가는 어디에 있는지 스스로에게 묻고 또 물었습니다.

모든 국민은 인간으로서의 존엄을 가집니다. 국가는 국민의 안전을 보호하기 위해 노력해야 합니다. 대한민국 헌법에 명시된 말입니다. 대한민국이 국민에게 약속한 이 말들이 어제도, 2022년 10월 29일에도 없었습니다.

이태원 참사는 아이들이 놀러 갔기 때문에 죽은 게 아닙니다. 이태원 참사는 사전 계획, 구조, 사후 조치의 전 과정 모두 행정기관의 부재로 발생한 참사입니다. 이상민은 행정안전부 장관으로서 예견된 참사에 대비하지 않았고, 있는 시스템도 활용하지 않아 참사를 키웠습니다. 자연인 이상민이 자신의 죄를 부정하는 건 인지상정일 수 있겠으나, 대한민국의 행정안전부 장관이 자신의 책임을 부정하고 부하직원들에게 떠넘기는 건 대한민국의 국격을 실추시키는 일입니다. 대한민국 국민의 한 사람으로서 이런 장관이 위정자라는 게 심히 부끄럽습니다. 이상민 장관은 참사의 대비·예방, 현장 대응, 수습 대응 모든 과정에서 판단하고 조치를 선택할 지위에 있었습니다. 하지만 그는 재난안전법 등의 법률이 행안부 장관에게 부여한 안전과 관련된 여러 의무를 아무것도 이행하지 않았습니다. 행안부 장관에게 부여되는 안전과 재난에 대한 의무가 사후 대책만 있는 건 아닙니다. 마땅히 사회 흐름이나 움직임에 관심을 갖고, 조사하고, 사전 대책을 세우는 것 또한 그의 의무입니다. 하지만, 10만

인파가 모인다는 수많은 기사가 보도되었음에도 이상민 장관은 이태원 인파 밀집에 대한 대책을 수립하라고 명하지 않았습니다.

장관의 말 한마디는 현장 분위기와 의사결정을 바꿉니다. 이상민 장관이 이태원 인파 밀집 예상 보도를 보고, 안전 점검에 대한 언급을 단 한마디라도 했다면, 이태원 참사는 발생하지 않았을 것입니다. 실무 부처에서 대안을 마련했을 테니까요. 이상민 장관은 수많은 인파 밀집 보도에도 현장에 어떠한 방향도 제시하지 않았습니다. 그의 이러한 태도가 이태원 참사를 초래했다고 생각합니다. 이상민 장관은 참사 발생 이후에도 자택에서 자신을 현장으로 데려다 줄 운전기사를 기다리느라, 참사를 인지하고도 1시간 40분이 지나서야 현장에 도착했습니다.

그 긴 시간 동안 이상민 장관이 한 일이라곤 몇 통의 전화를 받고, 비서실장에게 상황을 확인하라는 전화를 했을 뿐입니다. 이것이 전부입니다. 그는 참사를 인지하자마자 소집해야 하는 중앙재난안전대책본부(이하 중대본)를 설치하지 않았습니다. 중대본은 상설 기구로 전화 한 통이면 가동될 수 있는 국가 시스템입니다. 참사 발생 인지 즉시 상설 기구인 중대본을 소집하라고 전화 한 통화만 했다면 소방, 경찰, 기타 관계 부처의 지원이 더욱 원활했을 겁니다. 하지만, 그는 이미 시스템이 갖춰진 중대본을 설치하지 않았고, 소집하라는 전화 한 통조차 하지 않았습니다.
중대본을 설치했더라면 안전 통신망도 사용하지
않았을까요?

이상민 장관은 중대본 설치를 안 한 것이 아니라 자신의
역할과 업무를 파악하지 못해 중대본 설치를 못했을지도
모릅니다. 알았다면 어떻게 설치하지 않을 수 있겠습니까?
전화 한 통으로 지시만 하면 운영되는 것을 왜 하지
않았겠습니까? 설치했다면, 이렇게 구구절절 변명하지
않아도 될 텐데 말입니다. 만약 중대본 설치를 일부러
하지 않은 거라면 더욱 문제가 되겠죠. 이는 최소한 배임에
해당합니다. 고의로 그런 거라면 더 큰 죄이고요.

이상민 장관에게 묻습니다. 1시간 40분 기다리는 동안
중대본을 설치할 수는 없었습니까? 경찰과 소방 인력을
보내줄 수는 없었습니까? 우리가 행안부 장관에게 기대했던
것은 현장에 가서 직접 구조 활동을 해달라는 게 아닙니다.
현장 구조를 잘할 수 있도록 지시를 내려달라는 것입니다.
도대체 무엇을 하셨습니까?

이태원 참사 당일 행안부에서 10만 인파가 모인다는 것을
예견했음에도 사전 계획 수립을 명하지 않았고, 참사 직후
중대본 미 설치로 신속 지원이 없었습니다. 사전 계획과 사후
대책에서 행안부 장관이 제 역할을 하지 못했기 때문입니다.

국가의 과실을 왜 아이들에게 떠넘기십니까?

책임을 진다는 게 무엇입니까?
책임을 지는 일은 '다음'을 위함입니다. '미래'를 위함입니다.
개인의 잘잘못과 범죄는 법의 잣대로 규명하고 처벌할 수
있으리라 봅니다. 하지만 사회적 참사에 대해서는 마땅히
먼저 그 자리에 대한 책임, 관리 책임을 물어야 합니다.

세종실록 19년 1월 12일을 보면 "천재(天災)와 지이(地異)가
일어나고 일어나지 않고는 사람이 어쩔 수 없지만 그에
대한 조치를 잘하고 못하고는 사람이 능히 할 수 있는
일이다"라는 말이 나옵니다. 세종대왕은 사람이 하늘의 일을
알 수는 없더라도 사람이 해야 할 일은 남김없이 다 해야
한다고 말씀하시며, 책임을 다하지 못한 관리 책임자들을
엄중히 문책하셨습니다.

대한민국에서 참사의 유가족은 우리가 마지막이어야
합니다. 대한민국에서 이태원 참사와 같은 사회적 참사는
더 이상 없어야 합니다. 우리 속담에 '소 잃고 외양간
고친다'는 말이 있습니다. 우리 유가족들은 사랑하는 가족을
잃었고 우리 국민들은 친구를, 우리 사회를 이끌어갈 동량을
잃었습니다. 그 무엇으로도 돌이킬 수 없는 아픔입니다.
하지만 사회적 참사에 대해서는 소를 잃었다면 반드시
외양간을 고쳐야 합니다. 그래야 또 다른 소를 잃지 않을 수

있습니다. 행안부 장관의 파면은 국민의 안전과 생명권을
지키지 못한 국가가 해야 할 최소한의 의무입니다. 국가가 제
의무를 방기한다면 우리 국민은 더 이상 국가를 믿지 못하고,
스스로 안전을 지켜야만 하는 아비규환이 벌어질 겁니다.
국민은 누구에게 국민의 안전을 지켜달라고 이야기해야 하는
것입니까?

법치국가에서 법은 국민을 지키는 마지막 보루입니다.
대한민국의 국민으로 살지 못하고 호적에서 지워진
아이들의 존엄과, 대한민국을 안전 사회로 이끌어 주는
별이 되어야 할 아이들의 죽음의 의미를 법이 지켜주십시오.
별이 빛을 비추려면 구름을 걷어야 합니다. 잘못을
잘못이라고 말하지 않고, 눈 딱 감고 덮고 간다면 오늘은
편할지 모르나 내일이 없습니다. 행정안전부 장관에게
엄중한 법의 심판을 내려주시길 간곡히 부탁드립니다.

감사합니다.

한 달이 지나 '오송 지하차도 참사'가 발생했고 정부와 지자체는 이태원 참사 때와 똑같은 말과 행동을 되풀이했다. 그리고 7월 25일 헌법재판소에서 '이상민 탄핵'이 기각되었다. 소식을 듣자마자 나는 탄핵 심판을 방청하러 간 아내를 데리러 헌법재판소로 달려갔다. 우는 아내의 어깨를 잡고 무작정 걸었다. 우리는 갈 곳도, 가고픈 곳도 없었다. 땅으로 꺼지고 싶었고 하

늘로 올라가고 싶었다. 이 나라에서는 우리가 밟을 땅이 하나도 없었다.

토요일 저녁은
마로니에공원에서

목적지를 정하지 않고 출발한 발걸음은 늘 분향소에 닿았다. 오늘도 울보삼촌이 분향소 앞 트인 공간에 테이블을 놓고 앉아서 리본을 만들고 있다. 처음에는 그 옆에 앉아 구경만 했다. 그러다 손이라도 보태야 할 것 같아 만들어진 리본에 군번줄을 끼웠다. 군번줄을 만진 지 거의 30년 만이라 처음엔 낯설었지만, 하다 보니 점점 군번줄 고리로 빨려 들어가는 느낌이 들면서 마음이 잔잔해졌다.

리본 만드는 작업은 간단치 않다. 먼저 리본 원단을 사서 며칠 동안 바람이 잘 통하는 곳에 놔두어 냄새를 뺀다. 냄새가 충분히 빠지면 재단을 한다. 작두를 이용해서 적당한 길이로 자른다. 그다음에는 리본 모양으로 가위질하고 접착제를 바른다. 마지막으로 군번줄을 끼워 완성한다. 재단하고 접착제로 리본을 만드는 일은 나름의 숙련이 필요하다. 쉽게 보고 덤벼들었다가는 우스꽝스러운 모양의 리본이 되기 일쑤다.

나는 한 달이 지나도 군번줄 끼우는 일을 벗어나지 못했지만, 손이 좋은 아내는 이내 리본 만들기로 옮겼다. 또 다른 스승인 재문 님이 아내에게 리본 만들기 후계자 자리를 물려주겠다며 농담을 던지곤 했다. 종종 들르시는 꽁지머리 어르신은 한 손에 리본 재료를 한 움큼씩 잡고는 뚝딱뚝딱 만드셨다. 이분들은 세월호 때부터 리본을 만들어 온 숙련 노동자다. 울보삼촌과 재문 님은 리본 만드는 걸 우리에게 맡기고는 끈으로, 가죽으로 리본을 만들었다. 가끔 들르는 태환 쌤도 작품을 만들곤 했다. 10년은 고수를 배출하기에 부족함이 없는 세월이다. 아픈 시간도 머물러 있지만은 않음을, 뿌리를 뻗고 나름의 꽃을 피워 나간다는 걸 리본을 만들며 비로소 알게 되었다.

리본 만들기는 묘한 매력이 있다. 이게 뭐라고 이내 마음을 빼앗긴다. 단순한 노동이 시름을 잊게 만든다. 노동이 위로가 될 수 있다는 걸 느낀다. 리본 만들기에 동참하는 유가족들이 하나둘씩 늘어 어느덧 분향소 앞 테이블은 리본 공방이 되었다. 함께 이야기를 나누며 리본을 만드니 시간 가는 줄도 몰랐다. 지나가던 시민들이 오셔서 리본을 가져가도 되냐고 물어보시곤 했다. 가방에 달아달라고 리본을 건네드렸다. 주변에 나눠주십사 몇 개 더 드리기도 했다. 그늘진 유가족들의 얼굴에 조금씩 생기가 돌았다.

애진이와 작별하고 맞이하는 첫 여름이 시작된 토요일 오후였다. 건설노동자 양회동 열사 추모제를 마치고 행진 대열이 서울대병원으로 향했다. 아내와 나도 대열에서 함께 걸었다. 혜화동에 오니 매주 토요일 저녁에 마로니에공원에서 리본 나눔을 한다는 말을 울보삼촌에게 들었던 생각이 났다. 우리의 발걸음은 자연스레 대학로로 향했다.

마로니에공원에는 반려동물 행사로 사람들이 가득했고, 곳곳에서 버스킹이 펼쳐지고 있었다. 공원 한쪽에 '잊지 않겠습니다'라고 쓰인 노란색 플래카드를 걸어놓은 테이블이 있었다. 예닐곱 명의 사람들이 테이블 주위에 있었는데, 가서 인사를 드릴까 말까 망설였다. 다행히 울보삼촌이 보여 용기를 낼 수 있었다. 거기서 지성 아빠를 처음 뵈었다. 단원고 2학년 1반 문지성 학생의 아버지다. '416 TV'라는 유튜브 채널을 운영하고 있다고 울보삼촌이 소개해 주었다. 다른 분들과도 인사를 나누었지만 대부분 대학로에서 활동하는 예술인들이라는 것만 기억했다.

"리본 가져가세요. 세월호 참사를 기억하기 위한 노란 리본입니다."
"아직도 진상이 규명되지 않은 세월호 참사를 기억하기 위해 가방에 리본을 달아주세요."

지나가던 시민들이 걸음을 멈추고 리본과 스티커를 받아 갔다.

울보삼촌이 잠시 자리를 비우더니 어디에선가 이태원 참사 보라색 리본을 가져와서 세월호 노란 리본 사이에 엇갈리게 놓았다. 세월호 진상 규명을 외치던 예술인들이 세월호와 이태원 참사 진상 규명을 함께 외쳐주었다. 아내와 나를 위한 배려임을 느낄 수 있었다. 지성 아빠가 "이태원 참사 진상 규명을 위한 리본을 무료로 나눠 드립니다"라고 외치면 아내는 "세월호 진상 규명을 위한 리본을 무료로 나눠 드립니다"라고 외치며 화답했다. 보라색 리본이 9시가 되지 않아 동이 났다.

리본 나눔을 마치고 인사를 드리는데 지성 아빠가 우리를 안아주었다. 울컥했지만 가까스로 참고 밝게 웃으며 "다음에 또 오겠습니다"라고 인사드렸다. 집으로 돌아가는 발걸음이 한결 가벼웠다. 아내에게 "어떻게 리본 가져가라고 외칠 수 있었어?"라고 물으니, 아내는 싱긋 웃고는 "오늘 밤이 참 좋았어"라고 말하고는 다음에 또 가자며 내 손을 잡았다. 아내의 얼굴에서 미소를 본 게 오랜만이었다. 그날 나는 리본 가져가시라는 말을 단 한 마디도 떼지 못했다.

그다음 토요일 저녁에도 우리는 마로니에공원에 있었다. 리본 나눔을 마치고 집에 가려는데, 선물을 여러 개 받았다. 노란 자전거 모형도 받았고 직물로 꿴 노란 리본도 받았다. 풍선을 만들어 아이들에게 나눠 주시던 분에게선 도널드 덕 풍선도 받았다. 집으로 가는 내내 길에서도, 버스에서도 도널드 덕을 안고 갔다. 집에 가서는 사진 속 애진이에게 선물 받았다고 자랑도 했다.

다음 번 마로니에공원에서 새로운 얼굴을 만났다. 처음 본 이가 어째 낯이 익다. 리본 나눔 중간중간에 이런저런 이야기를 나누었다. 그동안 아팠는데 지금은 많이 좋아졌다고 한다. 아프게 되면서 세상을 보는 눈이 달라졌다고 했다. "원망이 줄어들고 매사에 감사하는 마음을 갖게 되었어요"라고 말했다. 그러고 나니 마음이 평안해지고 건강도 좋아진 것 같다고 했다.

'마음이 강한 분이구나. 이런 마음에 이르기까지 얼마나 힘이 들었을까.'
아픔에 머물지 않고 긍정으로 승화시킨 내공에 흠뻑 젖어 들었다. "세월호 진상 규명 및 이태원 참사 특별법 제정을 위해 리본을 무료로 나누고 있습니다"라고 외치는데 발성이 막힘없이 탁 트였다. 조심스레 가수냐고 물으니 배우 김숙인이라고 한다. 오랜 기간 단역으로 활동하다가 조연을 맡았는데 몸에 이상이 생겨 첫 회만 찍고 그만둘 수밖에 없었다고 했다. 만남이 감사한 하루였다. 어느 날에는 마로니에공원에 도착하니 오늘 안 보여서 기다리고 있었다고 이구동성으로 말을 건네주었다. 당신들의 일상에 우리를 받아주었다는 생각에 뜨거운 게 울컥 치밀어 올랐다. 가난한 우리를 안아주는 느낌이었다.

한 번 보고 두 번 보고, 보고 또 보니 마로니에 촛불 사람들의 얼굴과 이름이 겹쳐 보이기 시작했다. 시청 분향소 추모 문화제 때마다 '4월의 바다, 10월의 언덕'이라는 자작곡을 불러주시는 계섭 님은 언제나 힘찬 목소리로 "아직도 진상이 규명되지 않은 세월호 참사와 이태원 참사의 진상을 규명하기 위해 리본을 나누고 있습니다"라고 외친다. 선한 눈빛을 지닌 배우, 두영 님은 소년으로 분해도 눈치채지 못할 것 같다. 연출가이자 막내인 혜영 님은 뮤지컬 배우같이 맑고 우렁찬 목소리로 "리본 가져가세요. 사회적 참사를 기억하기 위한 리본을 무료 나눔하고 있습니다. 가방에 이쁘게 달아주세요"라고 외친다. 검은 옷을 입은 모습만 기억되는 유라 님은 언제나 리본 스티커를 만들고 있다. 말수가 적은 세환 님의 목소리는 리본 나눔을 외칠 때만 들은 것 같다.

어느 날엔가는 노래하는 물리치료사 정환 님이 기타를 잡고 노래를 불렀다. 노래를 마치고 박수를 치는 내게 "마로니에촛불은 원래 가끔 공연도 하고 노래도 불러요"라고 말해주었다. 지성 아빠는 삼각대에 매단 카메라로 리본 나눔을 영상으로 담다가도 어느새 나눔 부스 뒤에 '진실은 침몰하지 않는다'라고 쓰인 피켓을 들고 나무가 되어 서 있곤 한다. 세월이 흐를수록 단단해지는 마음이 나무가 된 것 같다. 10년 동안 흘린 땀과 눈물은 소금 결정이 되어 머리가 하얗게 셌다. 토요일 저녁에 마로니에공원에 오면 사람이 나무가 될 수 있다는 걸 알게 된다. 그런 지성 아빠를 보며 나도 나무가 될 수 있을지, 그렇다면 나는 어떤 나무가 될 수 있을지 상상하곤 한다. 세상에 산소를 많이 내어주는 나무, 쉼이 필요한 누군가에게 그늘을 드리워줄 수 있는 나무가 될 수 있을까. 지성 아빠와 세월호 유가족들은 이태원 유가족들에게 늘 미안하다고 말하곤 했다. 당신들이 더 열심히 노력해서 안전한 사회를 만들었어야 했는데, 그러지 못해 이태원 참사를 겪게 되었다고 고개를 떨구었다. 416TV가 열 번째 생일을 맞이하던 날, 지성 아빠에게 메시지를 보냈다. "저희는 아버님 등만 보고 갑니다."

이제 나도 같은 꿈을 꾸고 산다. 더 이상 이 땅에서 참사가 사라지기를, 참척의 고통은 내가 마지막이기를. 그러나 이태원 참사가 발생한 지 1년도 되지 않아 오송 지하차도 참사를 접하게 되었다. 오송 지하차도 참사가 발행한 지 한 달 만에 채수근 상병을 잃었고, 1년도 되지 않아 아리셀 중대 재해 참사를 접하게 되었다. 노란 리본을 만들었던 이들이 2017년 대서양에서 침몰한 스텔라데이지호 참사의 주황 리본을 만들었고, 5년이 지나 이태원 참사의 보라 리본을 만들었다. 그걸로도 모자라 오송 지하차도 참사의 초록 리본을 만들었다. 그리고 이제는 아리셀 중대 재해 참사의 하늘색 리본을 만들고 있다.

얼마 전 KBS 뉴스 기자가 쓰는 노트북에 붙인 노란 리본 스티커가 보도 영상에 나왔다가 1시간도 되지 않아 삭제됐다는 소식을 접했다. 명색이 공영방송인데 굳이 그래야 하는 건지 알 수 없었다. 참담한 마음이었다. 참사의 기억은 눈에서 지운다고 없어지는 게 아니다. 오히려 참사를 기억해야 더 이상의 참사를 막을 수 있다. 광화문을 지날 때마다 세월호 노란 리본을 받아 놓고도 책상 서랍 구석에 쌓아두곤 했던 게 나였다. 자꾸 누군가 내 가방을 쳐다보는 것만 같아 달았다 떼기를 반복했던 게 나였기에 리본을 달고 다니는 데에도 용기가 필요하다는 걸 안다. 리본을 다는 일은 쉬운 일이 아니다. 사회적 참사를 기억하겠다는 다짐이자 안전한 사회를 만드는 데 함께하겠다는 작은 실천이다.

아내와 나는 토요일 저녁이면 마로니에공원에 간다. "리본 가져가세요. 리본 무료 나눔하고 있습니다"라고 입을 떼는 데 100일이 걸렸다. 처음에는 가슴속에서는 말이 나오는데 차마 목을 넘지 못하고 입으로 나오지 못했다. 입을 떼고 나자, 주위를 둘러볼 여유도 생겼다. 조금은 더 세상과 다시 만날 준비가 된 느낌이 들었다.

마로니에공원에서 많은 시민들을 만난다. 아이를 안고 와서 리본을 가져가는 젊은 부부도 있고 중년의 부부가 연극을 관람하고 귀갓길에 들르기도 한다. 자전거를 타고 오는 10대 소년도 있고 친구들과 저녁을 먹고 가는 젊은 여성들도 있다. 쌀쌀했던 어느 밤에는 애진이 또래의 젊은 여성이 걸음을 멈추고 우리를 보다가 조심스레 다가와 리본을 집어 가기도 했다. 그러다가 잠시 후 다시 와서 수줍은 듯 걸음을 멈추었다. "또 오셨네요." 반갑게 인사를 건네니 검은 비닐봉지를 건넸다. 따뜻한 캔커피가 서너 개 들어있었다. 수줍어하는 모습이 예쁘고 고마웠는지 아내가 "한번 안아봐도 될까요?"라고 말했다. 둘이 포옹하며 아내가 "고마워요"라고 말하는데 내가 눈물이 나와 참느라 애를 먹었다.

나에게 보라색 리본은 애진이의 상징이기도 하다. 애진이를 잊지 않겠다는 약속, 곁에 있지는 못해도 함께 있겠다는 약속이다. 리본을 만들며 늘 애진이를 생각한다. 그래서 노란색이든 보라색이든 가방에 달린 리본을 보면 힘이 솟는다. 그 순간에는 애진이의 손을 놓쳤다는 상실감이 눈 녹듯 사라진다. 내가 만든 리본을 달고 다니는 이가 힘들 때는 리본이 위로의 말을 건네주기를 소망한다. 리본을 가져가는 이들의 뒷모습을 보며 내가 위로받듯이 말이다.

분향소 이야기 2

한나절 분향소를 지키고 있다보면 기차역 대합실이 떠오른다. 기차는 결코 오지 않는데, 다양한 사람들이 와서는 잠시 머물다 간다. 지나가다가 눈에 걸려 발걸음을 옮겨 온 분들도 있고 일부러 찾아온 분들도 있다. 잠시 묵념하고 가시는 분도 있고 한참 동안 사진마다 천천히 들여다보는 분도 있다. 나는 돌아서는 조문객에게 목례하고는 그 뒷모습을 멀어질 때까지 바라본다. 어쩌면 발걸음에서 마음의 얼굴을 볼 수 있을까 살핀다. 내가 찾은 표정은 공감과 양심이다. 이 표정이 우리 사회를 지탱하는 보이지 않는 끈이라는 걸 분향소에서 확신하게 되었다.

어느 봄날 분향소를 찾은 장년의 여인이 나를 보더니, 성 프란체스코 성당 미사에서 내 발언을 들었다고 하시면서 내 손을 꼭 잡아 주셨다. 2016년 열악한 방송 노동의 실태를 고발하고 세상을 떠난 이한빛 PD의 어머니였다. 강철처럼 어머니의 손에서 6년 앞선 슬픔이 고스란히 전해져 왔다. 찬 공기가 채 흩어지지 않고 실바람으로 불어오던 어느 날에는 9년 전 큰아이를 잃었다는 여인이 외롭지 말라며 아내를 위로했다. 아픔은 좀처럼 자신을 내어 보이지 않지만 보이지 않는다고 없는 게 아니었다.

어느 봄날 밤 50대 정도 되어 보이는 신사가 분향소 앞을 한참 기웃거리다가 드디어 천막 안으로 들어와 분향했다. 그리고 조심스레 나에게 말을 걸었다. 딸이 둘 있는데 희생자들과 비슷한 또래라면서 그동안 와보지 못했다고, TV로 볼 때는 다 지난 일 같았는데 여기 와 보니 그렇지 않다는 걸 알겠다고, 자기가 할 수 있는 일이 무엇인지 모르겠다고. 미처 말을 맺지 못한 그가 울었다. 나는 집에 가셔서 아이들 한 번 더 안아 주시라고, 혹시 신앙이 있다면 여기 있는 아이들을 위해 기도해 주시라고 말했다. 남자는 한참을 더 울고 갔다. 그의 발걸음은 멀어졌지만 마음이 남아 나를 위로해 주었다. 애진이가 떠난 이 세상을 미워할 수 없는 이유를 하나 더 찾았다.

어느 잠들지 못한 밤, 24시간 분향소를 중계하는 유튜브 '박열 TV' 채널을 틀었더니 누군가 분향소에서 쉬지 않고 절을 하고 있었다. 눈을 붙였다가 새벽에 일어나보니 여전히 절을 하고 있었다. 나중에 이야기를 들어보니 이름 모르는 시민들이 가끔 와서는 밤새 삼천 배를 하고 간다고 했다. 또 어떤 날 새벽 4시에는 누군가 조문을 와서 초에 불을 붙이고 있었다. 이 밤에 잠들지 못하고, 혹은 새벽일을 하러 가는 길에 굳이 들러 떠난 이들에게 건네는 마음이 궁금했다.

세월호 어머니들도 분향소에서 처음 만났다. 인사를 나누고는 아내가 한 번만 안아달라고 말했다. 서로 눈물을 나누며 오래오래 안고 있었다. 어머니들이 떠나고도 아내는 애진이 영정사진 앞에 서서 한참 동안 닭똥 같은 눈물을 흘렸다. 통곡하지 않기에, 언제나 숨죽여 흐느끼기에 마음이 더 아프다. 나는 분향소에서 아내를 안고 그저 "괜찮아, 괜찮아"라고 읊조렸다. 분향소 옆에는 유가족 쉼터가 있다. 이승과 저승의 경계가 있다면 아마 여기가 아닐지 하는 생각을 가끔 했다. 이곳은 가장 소중한 이를 그리 보내고도 다시 살아내기 위해 서로가 손을 잡고 힘을 모으는 충전소이기도 하다.

서울광장 분향소에 어느 날부터인가 참새들이 모여들었다. 인적이 드문 시간에는 짹짹 소리가 하늘과 땅을 연결하는 소리 같기도 했다. 한참을 지나서야 참새들이 오는 까닭을 알게 되었다. 동민이 아빠가 참새 아빠였다. 매일 분향소로 출근해서 청소와 보수를 하고 다른 유가족들과 말동무도 해주시는 '분향소 대장님'의 특별한 취미가 참새 모이주기였던 거다. 참새들은 동민이 아빠만 보이면 어디선가 날아와 졸졸 따라다녔다. 아마 그 참새들 중에 동민이도 있지 않겠느냔 생각이 들었다. 괜스레 동민이 아빠가 부러웠다.

서울광장 분향소 앞마당에는 아름드리 나무가 있다. 곁에는 느티나무 같은 사람들이 있다. 가장 먼저 희생자들의 이름과 사연을 기억하고 그들이 좋아했던 과자나 젤리를 몰래 사다가 영정 앞에 놓은 '학원 씨', 강학원 님은 늘 바빴다. 사진으로 떠오르는 분향소에 학원 씨가 들어가면 동영상이 되었다. 화면도 밝아졌다. 울보삼촌이자 시인 '이랑'이기도 한 성기봉 님은 분향소의 맥가이버다. 분향소 곳곳에 울보삼촌의 손이 가지 않는 곳이 없었다. 그 와중에도 틈만 나면 영정사진을 보며 눈물을 훔쳤고 희생자의 생일에는 손수 지은 시를 선물했다.

늘 조용히, 한결같이 분향소를 지키는 분이 있다. 애도와 위로의 책들을 슬그머니 유가족 쉼터에 넣어 주고 늘 유가족들의 마음을 어루만져 주었다. 다들 '목사님'이라고 불러 우리끼리의 호칭도 그냥 목사님이었다. 반년이 넘게 지나서야 제대로 인사를 드릴 수 있었다. 최헌국 목사님과는 그렇게 만났다. 언젠가부터는 '재문 님', 박재문 님이 분향소의 나무로 자라났다. 그의 손을 거치면 가죽 조각은 별이 되었고, 플라스틱 블록은 예술품이 되었다. 애도의 마음은 그를 통해 형상이 되어 시민들에게로 전해졌다. '미경 샘', 김미경 님은 분향소에 찾아온 분들에게 하루도 빠짐없이 커피를 타 주었다. 미경 선생님이 타 주는 커피를 마시는 건 분향소에 왔다는 인증이 되었다. 한겨울 칼바람에 발가락부터 머리끝까지 얼어가던 날에도 마음을 녹여 준 건 그가 건네 준 뜨거운 차였다. 이분들은 유가족인 나보다 더 많은 시간을 분향소에서 보낸, 분향소에서 언제나 만날 수 있는 분들이었다. 가난한 나에게 공감과 연대를 몸으로 가르쳐준 선생님들이다.

주말 저녁 6시마다 열렸던 원불교, 개신교, 불교, 천주교 4대 종단의 추모행사에서 종교마다 독경과 기도의 형식은 달라도 내게는 같은 내용이었다. 위로이자 베풂이었다. 나는 이 시간 내내 애진이의 평안과 안식을 빌며 조금은 숨이 트이곤 했다. 문학인들의 추모 시는 159명의 젊음이 시가 되고 이야기가 되어 생을 이어가게 했다. 자기 몸을 영혼에 잠시 내어주는 듯한 무용가들의 모습에서 나는 등으로 우는 게 춤이라는 걸 알게 되었다.

안계섭, 송희태, 박정환, 김민정, 손현숙… 수십 명의 민중 가수들이 불러준 노래가 합창이 되어서 들린다. 분향소를 내리던 밤에는 음악 노동자 하림이 노래로 광장을 가득 채워주었다. 노래는 본디 끈이기에, 제각각의 노래가 서로 엮여서 더 크고 단단한 끈으로 분향소를 감싸준다. 그럴 때마다 내가 할 수 있는 건 고작 눈물을 흘리는 것이지만 눈물 속엔 언제나 다짐이 있다. 오늘은 비록 내가 위로를 받지만 언젠가는 나도 누군가의 손을 잡아 주겠노라고, 애진이에게 다짐한다.

그래서 분향소로 향하는 발걸음은 늘 가벼웠다. 그곳에는 애진이가 있었고, 애진이가 엮어준 소중한 인연들이 있었다. 공감, 그리고 연대라는 이름의 기차가 매일 다니고 있었다.

IV.

아로새기다

남자친구 T를 만나다

애진이 떠나고 50일이 지나 기다리던 문자를 받았다. "찾아 뵙고 싶다"는 T의 연락이었다. T는 애진이 장례식에서 처음 만난 애진이 남자친구였다. T는 3일 내내 장례식장을 떠나지 않았다. 빈소 밖 영정사진이 보이는 가장 먼 곳에서 느티나무처럼 있었다. 그 모습이 안쓰러워 좀 쉬고 오라고 해도 얼마 지나지 않아 그 자리로 돌아왔다. 발인 전날 밤, 문상객들이 모두 돌아간 후에도 자리를 지키던 T를 불렀다. 빈소 안에서 영정사진을 앞에 두고 애진이를 사랑하는 남자 둘이 안주도 없이 깡소주를 나눠 마셨다. 애진이 이야기를 드문드문 이어가며 대화보다 침묵이 길었던 밤을 새웠다.

그 밤을 새운 건 어쩌면 셋이었는지 모른다. 사진 속 애진이가 자꾸 말을 거는 것만 같은데, 아빠라는 사람이 그 말을 알아

듣지 못했다. 저 아이 손을 잡아주라는 말은 확실한 것 같아 T의 손을 잡아주었다. 이 녀석이 아프면 애진이도 아플 텐데 싶었다. 애진이와 자주 가던 음식점에서 보자고 했더니 우리 동네 닭발집을 말한다. 거기서 보기로 했다. T와 만나면 무슨 말을 나눌지 설레고 염려되었다. T의 이야기를 들으며 내가 몰랐던 애진이를 만날 거고, 작별의 무게를 짊어진 젊은 영혼을 만나게 될 거다.

무슨 말을 해야 녀석의 상처를 온전히 보듬어 줄 수 있을지 가늠이 되지 않았다. 아내와 머리를 맞대고 고민해도 방법을 찾지 못했다. 애진이를 그만 잊으라 말해야 할 텐데, 언제 어떻게 이야기를 꺼낼지, 그 말이 짐을 덜어주는 것이 아니라 더하게 되는 것은 아닐지. 출구를 찾지 못하고 꼬리에 꼬리를 물고 이어지는 생각이 머릿속을 뱅뱅 맴돌고만 있었다. T와 만날 시간이 다가와 애진이 이름을 부르고 쓰면서 한바탕 울었다. 눈물통을 미리 비워두고 싶었다. 내가 울면서 T를 안아주고 달랠 수는 없는 노릇이었다. 힘들고 속이 상할 때 아이들 이름을 부르면 저절로 힘이 생기곤 했다. 그게 아빠다. 아무튼 아내와 나는 T 앞에서 울지 않겠다는 약속을 서로 단단히 하고 집을 나섰다.

막상 T를 만나니 밝은 분위기에서 술이 물처럼 들어갔다. 딱 한 번 봤을 뿐인데 오래 만난 사이처럼 친근했다. T는 애진이와 만난 이야기를 들려주었다. 애진이 인스타그램도 보여주었다. 사진 속 애진이가 활짝 웃고 있었다. T와 함께 애진이가 행복했을 시간들에 감사하며, 사진에서 눈을 떼지 못했다. T는 분명히 다른 우주가 있을 거라며 다중우주에 대한 이야기를 꺼냈다. 양자역학에 관한 유튜브도 열심히 보고 있다고 했다. 우리는 하이젠베르크의 불확정성 원리와 슈뢰딩거의 고양이를 이야기했다. 우리의 대화는 기실 간절한 바람이다. 비록 여기가 아니어도 어딘가에 애진이가 존재하기를 바라고 또 믿는 처절한 바람.

애진이가 있을 다른 세계를 그리는 T의 맑은 눈을 보며 그런 생각이 들었다. T는 애진이를 애도하면서 자기 삶을 살기 위해 노력하고 있었다. 그게 사랑에 대한 예의이자, 사랑하는 이에 대한 애도라는 걸 아는 것 같았다. 나 역시 그런 T를 보며 위안을 받았다. T는 '인생은 축제'라고 생각해왔고 지금도 그러하다고 말했다. 애진이와 T가 함께 한 순간들이 얼마나 아름다웠을지 눈에 선했다. 어떻게 해야 T의 축제가 계속될지 생각하고 생각했지만 답은 찾지 못했다. T가 애진이 몫까지 행복하면 좋겠다고 생각했지만 그조차 나의 욕심일 뿐이다. T는 T로서 자기 삶을 용기 내어 살아야 한다.

장소를 옮겨 술을 더 마시고서 날이 바뀔 즈음에야 못내 아쉬워하며 자리에서 일어났다. 내 손을 잡고 T가 말했다.

"우리, 애진이를 위해서라도 행복하게 살아요."

아내는 T와 포옹하며 "애진이 보고 싶거나 울고 싶을 때 언제든 연락해"라고 인사했다.

T와 헤어지고 집에 돌아와 애진이에게 말을 걸었다.

> "애진아, 아빠가 T의 마음을 다치게 할까 봐 나름 조심했는데 어떨지 모르겠다. 네가 왜 녀석을 좋아했는지 조금은 알 것 같아. 네 말대로 눈이 참 맑더라. 네가 왜 만나보면 아빠가 녀석을 좋아할 거라고 했는지 이제 알았어. 하지만 T를 놓아주어야겠지? 그럼 우리 애진이 외롭지 않을까? 아빠는 애진이가 사랑했던 사람들이 슬픔을 자양분 삼아 더 성장하고 행복해지기를 바라. 그래야 애진이의 삶이 의미가 있을 테니까. 그러니 너도 모두 놓아주기를 바라. 세상 모두가 너를 떠나도 아빠가 세상 떠날 때까지 너와 함께 있을게."

이제는 받아들이는 단계에 온 건가

'어디에 두었을까?'
아무리 뒤져보아도 없다. 항상 같은 곳에 두었는데 눈에 들어오지 않는다. 며칠 전에 썼던 기억까지는 나는데, 그다음 기억이 흐릿하다. 예전 같으면 '지가 가면 어디 가겠어, 언젠가 나오겠지'라며 찾기를 그만 두었는데, 이제는 갈급한 마음이 가라앉지 않는다. 눈 뜨자마자 또 행방이 궁금하다. 손톱깎이 이야기다. 하루 이틀 손톱을 깎지 않아도 되고, 누가 관심 두고 쳐다볼 일도 없다. 설령 뭐라 하든 그게 대순가. 그저 긴 손톱이 내 눈에 걸릴 뿐이다.

손톱이 문제가 아니라 내 눈이 문제다. 고작 손톱깎이 하나 갖고도 이러는 내가 지금 과연 멀쩡히 현실에 살고 있는 건지 의구심이 든다. 멀쩡하지 않거나 현실에 살고 있지 않거나, 어쩌면 둘 다일 수도 있다. 세상은 어제와 달라진 것 없이 가지런한데 내 세상만 뒤틀려 있다. 내 세상에는 지구보다 큰 싱크홀이 뚫려 있다. 모든 게 있어야 할 곳에 있는데 가장 소중한 이가 없다. 내 목숨보다 소중한 사람만 없다.

가까운 이들은 재원이를 위해서라도 잘 살아야 한다고 말한다. 지당하고 고마운 말이다. 그러나 이제 나에게 세계는 결코 하나가 아니다. 재원이로 이어지는 세계와 애진이로 이어지는 세계가 각각 있다. 하나의 세계가 사라지면 절반이 사라지는 게 아니라 전부가 사라지는 것임을 뼈저리게 느낀다. 그래도 애진이가 없다고 애진이의 세계를 닫을 순 없다. 내가 지키고 있어야 한다. 그래야 내게서 재원이로 이어지는 세계 또한 온전할 수가 있다.

나는 이런 말들이, 이런 생각이 맞는 건지 틀린 건지, 말이 되는 소리인지 아닌지도 구분하지 못한다. 그저 가까스로 숨을 쉬고, 싹 트는 생각들을 갈무리하며 마음을 짜낼 뿐이다. 마음속에서 영하의 한기가 올라온다. 그 한기가 두려워 신을 찾는지도 모르겠다. 무언가 붙잡고 싶은 마음이 간절하다. 하지만 신이 있어 그런 운명을 만들었다면 더 잔인한 일이다. 인연의 줄을 부여잡고 사는 인간의 마음으로는 그런 신의 뜻을 알 수도 없고, 안다 해도 믿고 싶지 않다. 알면 뭐 하나. 그리운 이는 이제 없는데, 이미 떠나갔는데.

애진이는 오늘도 돌아오지 않았다. 그래도 매일 기다린다. 애진이는 집에 없고, 나는 애진이가 없는 집에 있다. 벌건 대낮에도 빛이 들지 않는다. 커튼을 열어도 빛이 어둠 속으로 빨려 들어갈 뿐이다. 나는 이렇게 산다. 그래도 괜찮다. 다 견딜 수 있다. 견디는 건 무게를 버티기만 하면 되는 일이다. 내 사랑, 내 존재의 이유인 애진이를 놓을 수가 없다. 내 아이를 그리고 또 그린다.

다음 날 애진이네에 갔다. 묘원 곳곳에 지반을 다지는 공사가 한창이었다. 2~3년이 지나면 풍경이 달라져 있으리라. 화창한 날씨에 애진이 나무에도 꽃이 피었다. 아내가 바닥에 털썩 주저앉아 하염없이 애진이의 유품과 사진을 보고 있다. 나무 아래로 눈물비가 내린다. 애진이 나무에 걸린 사진을 바라봤다. 내가 찍은 애진이 사진을 물끄러미 바라보는데 상이 흐려진다. 눈물이 시야를 덮는다. 턱을 괴고 물끄러미 어딘가를 바라보는 애진이가 오늘따라 외로워 보인다.

하드디스크 드라이브가 거의 다 찼다는 메시지가 뜬다. 사진이 대부분이다. 정리할 엄두가 나지 않는다. 애진이와 재원이의 어린 시절이 여기에 고스란히 담겨 있다. 사진은 언제나 기억을 소환한다. 그 사진들에서 어린 시절의 나를 보고, 옆에 있는 가족들을 보고, 그러고도 남는 시선은 사진을 찍어주던 아빠에게 주기를 소망했다. 아이들에게 선물을 남기는 마음으로 찍은 사진들인데, 애진이 사진은 내가 받은 선물이 되었다.

아무튼 정리하기는 해야 했다. 우선 백업을 해두었다. 자칫 한 장이라도 지워질까 봐 복사하는 내내 마음을 졸였다. 아내에게 애진이 사진을 어떻게 정리할지 물었다가 애진이를 추모하는 일들에 대한 계획과 재원이의 미래에 대한 걱정으로 대화가 이어졌다. 그러다가 문득 우리가 이미 애진이의 부재를 자연스레 인정하고 있는 게 아닌가라는 생각이 들었다. 아직 애진이 물건 하나 치우지 못하고 있지만 우리의 대화가 애진이의 부재를 전제로 하고 있었기 때문이다. 이제는 애진이의 부재를 받아들이는 단계에 이른 건지, 아내도 나도 서로에게 묻지 못했다. 하루에도 몇 번씩 느껴지는 애진이 빈자리가 유난히 더 크게 느껴지는 날들이 계속된다. 그래도 우리는 어떻게든 살아보려고 바둥거린다. 애진이가 없어도 우리끼리 잘 살 수 있다고 호기롭게 외쳐보기도 한다. 하지만 허공에서 자맥질하는 기분이다.

이제는 애진이의 의미를 빚어내야 한다. 삶이 없다면 메타적인 삶을 찾아내야 한다. 의미를 빚으며 살자. 구슬을 닦고 내 눈물을 덧붙여서 알알이 왕사탕보다 큰 의미의 구슬로 키워보자. 산호가 자라듯 구슬도 자라고 의미도 명확해질 거다. 그리 믿으며 살아보자. 내가 받아들일 게 애진이의 부재인지, 애진이와 함께하는 삶인지, 우련한 새벽 어스름 속으로 허투른 질문만 매일 던지고 있다.

꿈에서 본 애진이

애진이와 나는 어느 기차역 플랫폼에 있었다. 어디로 가는 기차인지 행선지가 보이지 않았지만 상관없었다. 둘이 떠나는 여행이야 익숙하니까. 애진이가 열 살이 되면서부터 우리는 어디로든 떠났고, 어디든 함께였고, 어디에서든 돌아왔다.

기차가 막 출발하려는 참이었고 나는 서둘러 티켓 자판기에서 표를 끊고 있었다. 마음이 바빴다. 아직 표가 인쇄되고 있는데 기차 문이 서서히 닫히고 있었다. 고개를 돌려보니 애진이가 기차 문에 발을 얹고 한 손으로는 손잡이를 잡은 채 기차에 매달려 있었다. 기차 문이 닫히려 하자 나에게 손을 흔들었다. 기차가 출발하는 동시에 애진이는 기차 안으로 쏙 들어가 버렸다. 객실로 걸어가는 실루엣이 보였다.

손을 흔들며 뭐라고 말했는데 정확히 들리지 않았다. "아빠, 미안해요"였는지 "아빠, 먼저 가요"였는지 둘 중 하나였다. 시선으로 기차를 쫓으며 하염없이 울다가 눈을 떴다. 꿈이었다. 얼굴이 명확하게 보이지는 않았지만 분명 애진이었다. 생생한 장면이 휘발되기 전에 서둘러 꿈의 장면들을 다시 떠올리며 일기장에 글로 옮겼다. 지하보도에서 플랫폼으로 곧장 들어가는 게 SRT 수서역 같았다. 자판기에서 나오던 기차표는 1980년대까지 쓰였던 기차표, 지금은 일본에서 볼 수 있는 손가락 두 마디쯤 되는 두꺼운 종이 기차표였다.

꿈에서 나는 '애진이가 다음 역에서 내리거나 먼저 가서 기다리면 되겠구나' 생각했다. 또 '애진이에게 표가 없으니 기차표를 사진으로 찍어 카톡으로 보내주면 되겠구나' 하는 생각도 했다. '사진으로는 증빙이 안 된다고 하면 어떡하지? 애진이가 표가 없어서 쫓겨나면 어떡하지?' 이런 걱정이 순식간에 들다가, '아, 이건 꿈이구나' 하면서 잠에서 깼다. 꿈에서라도 애진이를 보아 행복한 마음이 들었지만, 갈 때 가더라도 기차표는 갖고 가야 했는데, 전해주지 못한 맘이 천 갈래, 만 갈래로 찢어졌다.

꿈에서 깨는 게 아니었는데. 눈을 꼭 감고 꿈의 바짓가랑이라도 붙잡고 버텼어야 했는데. 뛰어서라도 그 기차를 따라갔어야 했는데. 자책감이 들었다. 문득 외로움이 뼛속까지 사무쳐 온몸이 시렸다. 손을 더듬어 아내를 찾았다. 아내가 잠결에 내 손을 잡아주었다. 꿈에서 애진이를 보았다고 하니 잠이 잔뜩 묻은 목소리로 위무해 주었다.

"어제저녁에 당신이 애진이 보고 싶다고 했어. 애진이가 아빠가 하는 말을 들었나 보다. 우리 애진이 착하네."

마음이 울적할 때면 곽재구 시인의 〈사평역에서〉라는 시의 '단풍잎 같은 몇 잎의 차창을 달고'를 주문처럼 읊곤 했다. 왜 하필 단풍잎이었을까. 단풍잎 아래서 사진을 찍고는 모임에 다녀온다며 떠난 애진이가 그 옷 그대로 입고 왔다. 작별 인사를 남기고 저 혼자 기차를 타고 갔다. 얼마나 외로울까, 얼마나 서러울까. 눈물 대신 밝은 미소를 보여주려고 얼마나 힘을 짜내어 연습했을까. 그리웠던 시간들이 너무 많아 한줌의 눈물로는 턱도 없는데, 그리운 순간들이 난로 위 주전자에서 흘러 넘치니 이를 어쩌나.

아내는 꿈에서 애진이와 만난 내가 부러운 모양이다. 우리는 매일 밤 애진이가 꿈에 와주기를 꿈꾸며 잠자리에 든다. 그 밤에는 결코 꿈에서 깨지 않기를, 거기서 함께 살기를······.

새해 인사

"새해 복 많이 받아."
아내에게 새해 인사를 건네다 눈물이 울컥 쏟아지는 바람에 이 짧은 한 마디를 다 말하지 못했다.

향초를 켜고 음악을 틀고 커피를 내려 책상에 앉았다. PC를 켜고 일기장을 열었다. 애진이를 만나는 의식이다. 눈을 비비며 잠옷 바람으로 제 방에서 나올 때마다 꼬옥 안아주던 아이를 이제는 이렇게 만난다. 세배를 받는 대신 글로 인사를 건넸다.

> "애진아, 너에게 새해 복 많이 받으라고 말하고 싶은데,
> 어디 있는지 몰라서 말을 건넬 수가 없네. 네가 이 시간
> 속에 있는지 없는지도 몰라서 새해라고 부를 수 있을지도
> 모르겠어. 같은 세상이라는 교집합이 없는 네게 차마 새해

인사를 할 수가 없구나. 네가 존재하는지, 소멸한 건지 아빠가 아는 게 하나도 없어서 미안해. 신이 있다면, 그래서 내가 너의 안부를 물으면 신은 답을 해줄까. 신을 믿지 않는 이에게는 답을 주지 않기로 마음먹은 건가. 어쩌면 신이 이 세상만을 관장하고 있어서 신 또한 다른 세상에 대해서는 알지 못하는 걸까. 아무래도 세상의 질서를 유지하기 위해서 누구에게도 말씀을 해주지 않는 거겠지. 그래도 야속하네. 밉네. 그래도 그러면 안 되겠지? 지금 너를 품고 보살펴 주시는 분일 수도 있으니 말을 함부로 하면 안 되겠다. 어떤 이는 신이 너를 데려갔다고 말하지. 신에게 네가 쓰임이 있어서 데려간 거라고, 그러니 너무 슬퍼하지 말라고. 신을 믿는 이에게는 위로가 될 수 있을지 몰라도 난 그 말이 너무 아프다."

새해답게, 아빠답게, 그립고 정겨운, 포근하고 달큰한 말을 건네고 싶었는데, 푸념만 늘어놓았다. 새해라지만 내게는 그저 애진이를 못 본 지 60일이 넘은 날이다. 그 60일은 60년인지 600년인지 모를 긴 터널이었다. 잠깐 빛이 내리는 듯한 날도 있었다. 세상을 밝히러 주님이 오셨다는 날이었다. 신의 존재를 믿지 않고 살아왔건만 내게는 저승에까지 힘이 미칠 수 있는 누군가가 필요했다. 주님이 그런 분이라고 하니, 주님이 필요했다. 필요는 간절했다.

그날 녹사평에 있는 이태원 참사 시민 분향소에서 가톨릭 미사가 열렸다. 날이 어둑해져 미사가 시작되는데 경찰이 설치한 바리케이드를 사이에 두고 극우 유튜버와 일군의 무리가 소리를 지르면서 크리스마스 캐럴을 고막이 터질만큼 크게 틀었다. 미사 내내 신부님의 말씀이 한마디도 들리지 않았고, 〈울면 안 돼〉에 귀를 빼앗겼다. 또다시 격한 감정이 치솟았다. 그건 분노도 아니었다. 이름을 붙일 수 없는 슬픔이었다. 그 밤에 나는 가장 비통한 눈물을 흘리던 아내를 가슴에 안고 하늘만 올려보았다. "울면 안 돼"라는 말이 듣기 싫어 나도 울었다.

2022년 마지막 날 밤, 애진이가 내 꿈에 와주었다. 꿈에서 나는 애진이, 재원이와 걷다 차에 탔다. 그런데 애진이 얼굴이 아내의 얼굴로 바뀌어 있었다. 늘 넷이 타던 차에 자리가 하나 비어 있었다. 꿈에서 깬 나는 조각난 기억을 하나라도 더 잡으려 안달했다. 한 해의 마지막 날이라고 인사를 해준 건지, 사라진 자기의 미래를 엄마에게서 찾아보라는 뜻인지 해석은 되지 않았지만 어찌나 반가운지 잠결에 시작한 눈물이 깨서도 멈춰지지 않았다.

도대체 누가 날짜를 정한 건가. 나는 10월 29일에 머물러 있는데 왜 시간에 주기성을 부여해서 같은 날짜가 1년마다 반복되는가. 차라리 새해가 니체가 말한 영원회귀라면 좋았을 거다. 그러면 1월부터 10월까지는 애진이와 함께 살 수가 있을 테니까. 다시 볼 수 있다면 참척의 시간은 견딜 수 있을 거라 믿었다. 그러나 다시 볼 수 있다면 참척이 아니다. 세상 그 어떤 작별보다 사별이 고통스러운 건 다시 볼 수 있으리라는 실낱 같은 소망도 허락하지 않기 때문이다. 고통의 본질은 아프다는 감각이 아니라 희망이 없다는 것임을 심연 속에서 명확히 깨달았다.

2023년 첫날, 나는 하루 종일 박완서 작가의 『한 말씀만 하소서』를 읽었다. 내가 받을 벌을 내 아이가 받은 이유가 무엇인지, 만일 그게 신의 장난이라면 신이라도 가만두지 않겠다는 내용의 구절이 확 와닿았다. 활자에서 파동이 퍼져 나오는 듯했다. 그 떨림은 나에게 울림이 되었다.

책을 덮고 애진이의 삶이 어떻게 하면 지속될 수 있을지 숙고했다. 그리고 그 하루가 저물 즈음 한 조각 생각이 떠올랐다. 삶이 이야기이고 의미라면 애진이의 삶은 지속될 수 있다고. 사람으로서의 행복은 누릴 수 없지만 의미로서 존재할 수 있다고. 나는 애진이의 삶을 이야기로 짓는 길을 걷고 싶었다, 애진이의 손을 잡고, 애진이와 함께.

나는 아직 정상이 아닌 것 같다

겨울은 유난히도 추웠다. 녹사평 사거리 언덕에 있는 분향소에는 한강에서 몰아치는 바람에 남산을 돌아오는 바람이 더해져 눈물 자국이 마른 볼에 칼집을 내곤 했다. 5분만 가만히 서 있어도 발가락이 얼어갔다. 그때는 그 겨울이 영원히 지속될 것만 같았다.

어느 날 애진이네 가는 길이었다. 아내가 운전하는데 내비게이션이 자꾸 이상한 길을 알려주고 있었다. 내가 가는 길을 잘 아니 다른 길로 가자고 하는데 아내가 버럭 화를 냈다. 그냥 내비게이션이 가라는 대로 편하게 가면 될 걸 뭘 그리 따지냐며, 아귀가 딱딱 맞아야 하느냐는 거다. 그래, 맞는 말이다. 하지만 난 늘 그래왔다. 그게 또 늘 아내를 화나게 한다.

누군가 강아지와 곰돌이 인형을 애진이 나무에 매달아 놓았다. 그걸 보고 마냥 울었다. 애진이가 떠난 게 새삼 느껴져 심장이 발바닥 끝까지 떨어졌다. 집으로 돌아오는 길엔 내가 운전대를 잡았다. 옆으로 차 한 대가 지나가는데 몇 달 전 갓 회사에 다니기 시작한 애진이가 엄마에게 10년 뒤에 사주겠다던 차였다. 눈물이 뚝 하고 떨어졌다. 딱딱 맞아떨어지는 톱니바퀴 같은 내 성미를 좋아했던 단 한 사람, 애진이가 없다. 불현듯 사무치게 외로웠다.

아내도 그 차를 봤는지 울고 있었다. 우리는 차를 빌미로 감정을 꺼내어 말을 나눴다. 여태껏 많이 나눠보지 않았던 진솔한 대화였다. 서로 조심하자며 한 목소리로 슬픈 대화를 마쳤다. 밤에 쉬 잠들지 못하고 상념에 빠졌다. '이제 정말 마음에 완충재가 없구나. 감정에 상처가 나면 벼랑 끝이다' 아내와 나는 더이상 마음에 완충재가 없기에 한 번 베이면 아물지 않는다. 이를 어찌할지 모르겠다. 답이 없다. 어떻게 살아야 할지 모르겠다. 방치된 마음은 어디로 흘러갈까.

책을 보니 트라우마 센터가 있다고 하는데 연락하기 망설여졌다. 우리 지역 보건소에는 다시 연락하는 게 두려웠다. '그날' 이후 얼마 지나지 않아 거기서 상담받은 적이 있었다. 누군가 내 말을 들어주는 게 너무 고마웠는데 자꾸 이야기가 겉도는 느낌이 들었다. 그러다가 그림 치료에 관한 문자를 보냈는데 보름을 훌쩍 넘기고서야 답 문자를 받을 수 있었다. 내 이름도 틀리게

적혀 있었다. 더 만나고 싶지 않았다. 값싼 동정을 받는 느낌, 세상에 버려진 느낌이 들었다. 작은 실수이고 바쁘니까 그럴 수 있지만 그 사소함에 마음이 무너지는 날들이었다. 이런 생각이 드는 나를 타이르고 싶었지만, 마음속에 브레이크조차 없어진 상태였다.

봄이 시작될 무렵 분향소에 갔다가 심리 상담 자원봉사자가 있다는 말을 듣고 신청했더니 바로 연락이 와서 약속을 잡았다. 약속한 날 분향소에 가니 미리 도착해서 분향소 자원봉사를 하고 계셨다. 인근 성공회교회 앞마당으로 자리를 옮겨 상담을 받았다. 김현실 선생님의 밝은 기운이 봄꽃 내음처럼 퍼진 덕분에 마음을 활짝 열고 편하게 이야기를 나눌 수 있었다. 시간 가는 줄 모른 상담을 마치니 마음이 한결 가볍고 편안해졌다. 조금 떨어진 벤치에서 권수미 선생님께 상담받은 아내는 내내 울면서 이야기를 나누었다고 했다. 아내의 표정 또한 안온했다. 우리의 아픔을 팔 벌려 안아주고 기꺼이 들어주는 분들이 있음에 감사했다.

집에 오는 길 아내에게 소감을 말했다. "맛집의 비결이 소금 한 꼬집일 수도 있을 텐데, 오늘 좋았던 게 딱 그런 느낌이었어. 공감 한 꼬집이 이 차이를 만든 걸까" 피상적인 생각, 공식처럼 다가가는 생각들로는 공감에 이를 수 없다는 걸 느꼈다. 서투른 어루만짐은 상처만 덧나게 할 수가 있다. 그 뒤로 상담을 몇 번 더 받았다. 성공회교회 앞마당에 피었던 철쭉이 날이 점점 더 따스해지는 사이 떨어졌다. 그 계절 동안 적어도 상담을 받던 날만큼은 마음에 구름이 걷히고 파란 하늘이 가득했다.

2023년 6월 29일 오후 3시, 나는 서울 한복판에서 장맛비를 만났다. 충무로에 있는 한옥마을 안 카페에 앉아 처마에서 줄줄 흐르는 빗물을 바라보며 온전히 애진이를 생각했다. 실은 마당으로 나가 비를 온몸으로 맞고 싶었다. 하늘과 땅의 경계가 사라진 시간이니 애진이를 한껏 느낄 수 있을 것만 같았다. 장맛비가 내리기를 1년 내내 기다린 사람처럼 시선을 떼지 못했다. 장맛비에 세상이 눈물에 젖고, 내 눈물이 그 비에 섞여 가려지기를 바란 건지도 모르겠다. 나만 우는 게 아니라 세상도 같이 울어주기를 기다렸는지도 모르겠다. 빗소리가 콘크리트 바닥을 두드리는 소리가 클래식 음악처럼 들렸다. 저기서 상담 선생님이 오고 계셨다. 마지막 상담 시간이었다.

아로새기다

언제쯤부터 친척들이나 지인들과 나누는 근황에 관한 대화에서 애진이가 빠지기 시작했다. 이런 대화는 보통 누구는 어떻게 지내고 누구는 뭘 하고 지내는지 묻는다. "재원이는 어떻게 지내? 군대는 제대했고? 학교 다니는 거, 재미있대?"라는 질문은 받지만 애진이의 근황을 묻는 이는 없다. 궁금할 게 더 이상 없다. 시간은 앞으로만 흘러가는데 애진이에게는 일상도 없고 앞으로 다가올 시간도 없기 때문이리라. 애진이 이야기를 꺼내지 않는 이유는 아내와 나에 대한 배려임을 안다. 잊은 듯 지내는 게 더 낫다고 생각할 수 있지만, 우리에게 더 슬픈 건 애진이의 부재보다 애진이 이름이 지워지는 거다. 그래서 아주 가까운 분들에게는 예전처럼 애진이 이름을 불러달라고, 아내와 나를 계속 애진 엄마, 애진 아빠로 불러달라고 부탁을 드렸다.

"당신, 아로새기다 라는 말 들어봤어?"

어느 날 아내가 느닷없이 질문을 던졌다. 애진이 블로그에서 찾은 말이라고 했다. "아로새기다 라는 단어는 내가 정말 좋아하는 단어다. 그냥 보고 있으면 왠지 기분이 좋다." 고등학교 1학년 애진이는 '아로새기다'라는 낱말을 사랑했다. 순우리말이고 어감도 예뻐서 입안에 맴돌게 된다고 했다. 특히, 애진이는 무늬나 글자를 새긴다는 의미보다 '마음속에 또렷이 기억하여 두다'란 의미를 좋아했다. 아로새기다, 아로새기다, 낱말을 곱씹어 보았다. 과연 밥을 씹으면 단맛이 우러나듯 낱말이 풀어지며 맛이 우러났다. "애진이를 아로새기다" 애진이를 어디에, 어떻게 아로새길지 질문이 생겨났다. 내게 이 단어의 새로운 뜻이 더해졌다. '소중한 이름을 마음에 새기다.'

애진(厓珍)이 이름은 '언덕(厓) 위에 보배(珍)'라는 뜻이다. 애진이가 언덕 위에 어떤 보물을 놓아두고 갔을지, 이제 내가 그 언덕에 올라 찾아야겠다는 생각이 들었다. 이름마저 땅에 묻을 수는 없기에, 애진이가 살았다면 더 이루었을 의미를 내가 함께 이루겠다는 마음이 생겨났다. 애진이는 이제 이름으로만 남아 있지만 내 안에 애진이가 있다. 그러니 나는 애진이의 의미를 빚어 가는 또 다른 애진이다. 애진, 가슴으로만 속삭이는 이름. 심장에 아로새긴 이름, 나직이 그 이름을 불러본다. 널 찾아가는 길이 내 삶의 길이다. 너의 의미를 찾으러 아빠가 간다.

애진이 떠난 뒤 매일 일기를 쓴다. 기록을 시작한 건 애진이에 대한 생각과 느낌을 단 하나라도 놓치고 싶지 않았기 때문이다. 일기를 쓰면서 나는 애진이와 함께 살아간다. 애진이를 생각하며 일기를 쓰는 게 나의 애도 방식이다. 일기를 쓰는 시간이 가장 평안하고 살아있다는 느낌으로 충만하다. 일기장에 내 마음을 덜어내면 그만큼 애진이의 자리, 공간이 생겨난다. 그래서 나는 오늘도 일기를 쓴다. 일기를 쓰며 매일 애진이를 나의 심장에 아로새긴다.

친구

중학교 때부터 매일 같이 우리 집을 들락거리던 애진이 친구 시완이가 우리 집에 왔다. 아내는 집을 치우느라 아침부터 분주했고 나 역시 마음이 들떠 있었다. 시완이와 자연이는 우리 집에 오는 걸 좋아했다. 집이 적당히 낡아 웬만큼 어지럽혀서는 티가 나지 않았기에 중고생들의 아지트로는 제격이었던 것 같다. 퇴근하고 집에 오면 애진이 방에서 시완이가 나와 인사를 했고, 개수대에는 라면 끓인 냄비와 그릇이 포개져 있었다. 언젠가 애진이에게 "욕실 슬리퍼가 새 걸로 바뀌었네?"라고 묻자, "응, 시완이가 슬리퍼가 너무 낡았다고 새 걸 사 왔어"라고 대답했다. 자존심 강한 애진이에게도 시완이는 예외였던 모양이다. 아내도 시완이를 보며 늘 큰딸 같다고 말하곤 했다.

시완이가 특별한 선물을 들고 왔다. 애진이가 나온 사진들을 인화해 넣은 작은 사진첩 세 권이었다. 사진마다 언제 어디서 찍은 건지 적어놓은 메모가 붙어 있었다. 10여 년의 추억을 담은 사진첩은 세월만큼이나 두툼했다. 아내와 나, 시완이가 모여 앉아 머리를 맞대고 사진첩을 펼쳐보는 동안 누구 것인지 모를 눈물이 사이사이 떨어졌다. 앳된 얼굴의 중학생 애진이가 사진첩을 넘길수록 성인이 되어가고 있었다. 사진첩에 사진을 한 장씩 끼웠을 시완이의 마음을 생각해 보았다. 시완이 사는 이야기도 듣고 애진이에 대한 추억을 이야기하느라 한나절이 금방 갔다.

중학생 애진이와 시완이는 애진이 방에서 화장하는 방법을 함께 익혔다. 시완이는 멋을 내야 할 일이 있으면 우리 집에 와서 애진이에게 감수를 받았다. 어떨 땐 애진이가 옷장에서 옷을 꺼내 입히며 코디를 해주기도 했다. 어느 날에는 애진이가 못 보던 옷을 입고 있어서 물어보면 시완 옷이라고 했다. 시완이가 코디를 해주었다고 했다. 녀석들은 자매처럼 서로 옷을 바꿔 입었다. 이날도 시완이와 애진이가 옷을 서로 주고받던 이야기를 한참 했다. 출근을 앞두고 애진이가 안 입는 옷들을 정리한다고 해서 옷을 받기로 했었다고 한다. 그러자 아내가 머뭇거리다가 조심스레 말을 꺼냈다.

"시완아, 지금도 괜찮으면 애진이 옷을 네가 가져다 입으면 어떨까? 맘에 드는 거 있으면 다 골라봐. 네가 입으면 참 좋겠다."
시완이가 흔쾌히 그러겠다고 했다. 숨 한 번 쉴 만한 시간에 불과했지만, 그 시간이 무척이나 길게 느껴졌다. "네"라는 말이 그리 달고 반가운 줄 미처 알지 못했다.

내가 앞장서서 애진이 방에 가서 옷장을 열었다. 시완이는 애진이 옷에 대해서 모르는 게 없었다. 라벨도 뜯지 않은 새 옷도 몇 벌 있었다. 아내는 시완이가 옷 입는 걸 도와주고 나는 필요한 걸 거들었다. 화려한 스타일을 좋아하는 애진이와 달리 시완이는 단정한 스타일을 좋아한다. 그런데 의외로 장식이 많이 달린 코트가 잘 어울렸다. 시완이가 자기 스타일을 좀 바꿔보겠다며 웃었다. 아내와 내가 차로 시완이 학교 기숙사까지 데려다주었다. 헤어지는데 시완이가 아내를 안아주었다. 부러웠다. 그걸 느꼈는지 시완이가 나도 안아주었다.

애진이 옷을 버릴 수도 없고 누구에게 주기도 힘들었는데 주인을 찾아가니 반갑고 또 고맙다. 떠난 이의 유품을 간직하고 쓰는 일은 보통 어려운 일이 아니다. 작별에 익숙하지 못한 젊은 친구들에게는 더욱 넘기 어려운 장벽일 거다. 그걸 넘어준 시완이가 너무도 고마웠다. 사랑하는 친구가 제 옷을 입고 있는 모습을 보면서 애진이가 얼마나 좋아할지 눈에 선하다. 아내와 나는 말을 삼키고 운전대 앞만 보고 갔지만, 우리 눈에 보이는 도로도, 강물도, 하늘도 온통 애진이였다. 조수석에 앉아 있는 아내의 눈에 눈물이 맺혔다.

시완이에게서 시완이와 자연이가 힘들어 하는 이야기를 들었을 때 가슴이 철렁했지만 내색은 하지 못했다. 아내와 그 이야기를 다시 나누다 그만 올림픽대로 위에 눈물을 쏟고야 말았다. 아내도 마찬가지였다. 친구를 잃은 마음은 함께 나눈 내 삶의 시간들, 내 어린 시절의 일부가 날아가는 듯한 상실일 것이다. 이렇게 아파하는 친구들과 가족들을 남겨두고 혼자 떠나려니, 애진이는 얼마나 아프고 외로웠을까.

애진이 방 커튼 사이로 햇살이 실처럼 나리는 예쁜 오후에 아내가 침대에 걸터앉아 울고 있었다. 애진이 옷을 망설임 없이 받아준 시완이에 대한 고마움과 듬성듬성 비어 있는 옷장에서 애진이의 부재를 다시 한 번 느끼며 마음의 갈피를 잡기가 어려웠나 보다. 시간이 그렇게 흘렀다. 어느 봄날 시완이가 아내에게 카톡을 보내왔다. 애진이 옷을 입고 찍은 사진들이 꽃송이처럼 가득했다. 애진이에 대한 그리움과 시완이의 배려가 고마워 눈물이 맺힌다. 애진이에 대한 슬픈 감정이 아니라 같이 있을 때 있었던 일들이 떠올라서 마음이 따뜻하고 좋다는 메시지에 미소도 지어진다. 아내는 시완이에게 자주 놀러 오라고 답을 보냈다.

그리고 며칠이 지났다. 아내가 애진이 친구들을 만나고 싶다고 말했다. 목소리가 단단해진 느낌이었다. 먼저 대학교 친구인 현영이와 연락을 해서 만났다. 함께 나온 대학 동기 신혜는 애진이를 보는 듯 똑 부러지는 모습이었다. 현영이는 말투나 표정, 몸짓이 그냥 애진이였다. 늘 붙어 다녀서 그런 거라고, 친구들도 이구동성으로 그리 말했다며 현영이가 수줍은 듯 말했다. 현영이는 종종 아내에게 애진이와 함께 주고받던 카톡이나 사진들을 보내주곤 했다. 그걸 보며 우리는 웃고 울었다. 현영이가 애진이네 가져다 둔 사진에서도 예쁘게 웃고 있던 현영이와 애진이의 모습을 만나기도 했다. 그래서였을까, 난 현영이를 처음 보았는데도 오래전부터 만났던 것만 같았다. 우리는 현영이가 이끄는 대로 애진이 단골집에 가서 마라탕을 먹고, 근처 커피숍에서 차를 마시며 이야기를 나누었다. 그렇게 나는 애진이 친구들에게서 애진이를 볼 수 있었다.

T도 다시 만나고 남사친 윤이도 만났다. 어느 날에는 외국에서 공부하는 자연이가 우리 집에 와서는 애진이 방에서 몇 시간을 앉아 있다 갔다고 했다. 아내는 자연이가 많이 그리웠는데 오래 이야기할 수 있어서 참 좋았다고 했다. 나도 자연이가 보고팠는데, 못 봐서 아쉬웠다. 자연이가 살고 있는 나라로 아내와 언젠가 여행을 가기로 했다.

애진이가 평소 무슨 일이 있어도 내 편이 되어줄 거라고 자랑했던, 애진이와 행복한 순간들을 함께 해주었던 고마운 친구들이 작별의 아픔을 잘 딛고 앞으로 나아가길 바란다. 애진이가 슬픔으로 기억되는 건 너무나 아프다. 기억이 힘이 될 방법, 슬픔을 삶의 에너지로 바꿀 방법을 아내와 나는 늘 궁리하고 있다. 기억이 사라지지 않는 한 애진이는 어디에나 있다. 그래서 아내와 나는 애진이 생일 파티를 준비하기로 했다.

애진이의 생일 파티

아내가 애진이 친구들과 함께 애진이 생일 모임을 하면 좋겠다고 말을 꺼낸 것은 2023년 8월 초순 어느 날이었다. 주인공이 없는 생일 모임은 상상조차 해본 적이 없었다. 울지 않고 그 모임을 마칠 수 있을지 엄두가 나지도 않았다. 아내가 말을 더했다.

"애진이 떠나던 날, 애진이를 배웅해 주었던 친구들을 다시 만나고 싶어. 애진이 친구들이 애진이를 슬픔이 아니라 함께 했던 시간들의 행복과 사랑으로 기억하면 좋겠어."

그날 나는 답을 하지 못 했다. 이틀이 지나 새벽에 눈을 떴다. 부재(不在)의 고통은 매번 제 얼굴을 바꾸며 나타나지만 고통의 뒷모습은 언제나 하나, '잊힌다는 것'이라는 생각이 주마등처럼 스쳤다. 그리고 어둠 속에서 애진이가 사랑했던 사람들과 세상을 생각했다. 그들이 행복해야지, 세상이 아름다워야지, 그래야 우리 애진이 마음이 좋지, 그런 생각이 들었다. 아름다운 세상이 되도록 노력해야지, 그런 세상을 살아야지, 마음이 그렇게 흘러갔다. 애진이 생일 모임을 해야겠다는 마음이 들었다.

아내와 차근차근 준비하자고 의견을 모았다. 나는 아내에게 애진이를 생각하며 그리고 쓴 그림들을 모아 동화책을 내자고 했다. 아내는 애진이의 일기를 모아 책으로 내자고 했다. 그리고 친구들이 보낸 편지를 모아 추모집을 만들기로 했다. 그날부터 우리의 시간은 애진이 생일 모임을 향했다.

어느 날 아침 아내가 애진이 방에 앉아 울고 있었다. 방 한가득 애진이가 쓴 글과 그림들이 펼쳐져 있었다. 어떤 걸 추모집에 넣어야 할지 고를 수가 없다며, 뭐 하나 뺄 수가 없다며 마냥 울었다. 난 애진이의 흔적을 차마 볼 자신이 없어 고개를 돌렸다. 아내의 몸 어딘가에 구멍이 난 것만 같다. 탈진한 아내는 약을 먹고 잠들었다. 애진이의 흔적을 보며 감정의 파고가 얼마나 클지 가늠할 수조차 없었다. 난 아직 애진이의 마지막 모습에 머물러 있을 뿐이다. 세상 어딘가에 애진이가 있을 것만 같고 이게 다 꿈이었으면 좋겠다는 바람에 머물러 있다. 받아들여야 한다는 머리의 말을 마음이 자꾸 밀어내는 것만 같다. 잠든 아내 얼굴에 패인 고독이 아파서 두 손을 꼭 잡아주었다.

애진이 생일 모임을 공지하니 금세 친구들에게서 연락이 쇄도했다. 아내의 얼굴에 생기가 돌았다. 아내가 애진이 생일까지 잘 버틸 수 있기를, 나 또한 웃으며 애진이를 맞이할 수 있기를 빌었다. 생일 모임을 준비하는 데에는 지원 님의 도움이 컸다. 인연의 시작은 용인에 있는 느티나무도서관이었다. 애진이를 떠나보내고 우리는 정처없이 떠돌아다니다 우연히 들른 느티나무도서관에 마련된 '재난 참사' 코너에서 애진이 기사가 스크랩되어 있는 걸 보았다.

누군가 애진이를, 사회적 참사를 기억해 준다는 게 너무도 고마웠다. 얼마 후 아내는 도서관을 다시 찾아 도서관 관장님을 뵙고 매주 신문을 스크랩하는 자원봉사를 시작했다. 애진이 생일 모임에 대한 고민을 들은 관장님의 소개로 만난 지원 님과 함께 생일 모임의 가닥을 잡아가며 아내는 조금씩 힘이 나는 듯하다. 덕분에 간간이 미소를 볼 수 있다. 사람을 다치게 하는 것도 사람이라지만, 사람에게 힘을 주는 것도 사람이다. 아내는 지원 님의 손을 잡고 긴 터널을 지나고 있다.

가을이 왔다. 아내는 생일 모임 준비에 여념이 없다. 매일 아내는 애진이 사진을 들여다보고 또 들여다본다. 아내가 애진이 친구들에게 생일 모임 굿즈로 만든 가죽 키링을 보여주었다. 처남 댁이 연결해 준 공방에 가서 배우고 직접 만들었다고 한다. 보고 싶지만, 괜찮다는 문구가 가죽에 새겨져 있다. 애진이가 아내의 꿈에 나와서 한 말이었다. 아내와 내가 가슴에 새긴

말, 애진이가 엄마와 아빠에게 준 숙제였다.

이렇게 준비는 끝나가고 있다. 나는 벌써부터 파티가 끝나고 난 뒤의 공허를 생각하고 있다. 애진이 생일 모임이 하루 앞으로 다가오니 바짝 긴장된다. 내일 생일 모임에서 상영할 영상을 확인하는데, 애진이가 너무 예뻐서 미소가 절로 지어졌다. 그리고 드디어 오늘이 왔다. 애진이 친구들과 함께 애진이가 세상에 온 걸 축하해 주는 날이다. 불현듯 내가 아무 선물도 준비하지 않은 것이 떠올랐다. 나는 애진이에게 약속을 선물로 주겠노라고 읊조렸다.

> "오늘 생일 모임에서 아빠는 절대로 울지 않을게. 네 생일
> 잔치는 생전의 너처럼 밝고 활기찰 거야. 네 친구들에게
> '그동안 많이 슬프고 힘들었지? 이제 맘이 편안해지기
> 바라'라고 다독여 주는 자리가 될 수 있도록 노력할게.
> 넌 언제나 친구들 고민을 들어주고 위로와 힘이 되었던
> 친구였으니까, 네가 친구들을 위로해주는 자리가 되는 게
> 맞겠지. 친구들이 가장 빛나는 애진이로만 기억할 수
> 있도록 노력할게. 엄마가 정말 수고가 많았어. 네가 하던
> 말대로 영혼을 갈아 넣었어. 네가 우리의 자랑이듯
> 네 엄마도 너의 자랑이라고 아빠는 감히 말할 수 있어.
> 아빠는 엄마의 모습에서 너를 본단다. 네 모습에서 엄마의
> 어린 시절을 보았는데, 이제는 엄마에게서 너를 보는구나.
> 아빠가 사랑하던 너의 자긍심 넘치던 그 얼굴을 네

엄마에게서 볼 수 있다면 얼마나 좋을까. 네 엄마 얼굴에 드리워진 그늘은 아빠가 꼭 거둘게."

아내와 재원이와 함께 이른 오후에 '카페 마고'에 도착했다. 이곳은 창덕궁 담벼락을 마주한 은덕문화원에 위치한 소담한 카페. 애진이와의 추억이 깃든 이곳에 아내가 무작정 찾아가서 대관을 요청했는데, 마침 옆자리에 계시던 은덕문화원 원장님이 사연을 듣고는 흔쾌히 대관을 허락해 주셨다고 아내가 늘 자랑하곤 했다.

애진이 친구들이 하나둘씩 들어오고 서로 인사를 나누었다. 아는 얼굴도 있고 모르는 얼굴도 있었다. 어느새 자리가 꽉 찼다. 모임은 '작가와의 만남'으로 시작했다. 아내가 만든 동화책 『신칠라의 여행』과 애진이 일기책, 친구들이 보낸 사진과 글을 모은 책을 설명하는 자리였다. 신칠라는 '친칠라'라는 동물을 닮아 귀엽다며 친구들이 붙여준 대학 시절 애진이의 별명이었다. 나는 인사 대신 내가 가장 좋아하는 노래 중 하나인 이승환의 〈친구에게〉를 몇 소절 불렀다. 애진이 친구들이 살면서 힘들 때, 마음처럼 쉽지 않은 삶을 맞닥뜨릴 때, 노래 가사처럼 애진이를 생각하며 기운을 얻기를 바라는 마음이었다. 애진이에게 약속한대로 울지 않고 불렀다.

파티가 끝나고 친구들을 한 명씩 안아주며 배웅했다. 친구들의 얼굴에 애진이가 있었다. 친구들의 얼굴을 모두 합치면 애진이가 될 것만 같았다. 모두 돌아가고 재원이와 아내 그리고 나, 우리 셋이 남았다. 우리는 말없이 집에 돌아왔다. 짐을 정리하고, 냉동실에서 녹두전을 꺼내 늦은 저녁을 마련했다. 아무도 울지 않아 서로 아낌없이 칭찬해줄 수 있었던 하루, 애진이의 스물다섯 번째 생일을 기념한 하루가 그렇게 지나갔다. 그 하루의 끝에서 나는 애진이의 삶을 우리가 어떻게 이어갈지, 어떻게 마침표를 찍을 수 있을지 스스로에게 질문을 던졌다. 아직 나는 고통을 생의 에너지로 바꾸는 방법을 깨우치지 못했지만, 그래도 괜찮을 것만 같았다.

에필로그
보고 싶지만, 괜찮아

꿈을 꾸었어. 너는 열살 아이의 모습이었어. 쏟아지는 비에 우리가 있던 섬이 물에 잠기는데, 구조선은 한참 뒤에야 왔어. 그런데 섬에 있던 사람들이 모두 탈 수가 없었어. 우리 가족이 배에 탔는지 한참 헤매다가 배에 탄 엄마를 볼 수 있었어. 네가 손을 흔들어 주는데 눈물이 났어. 나까지 탈 수는 없어서 배에서 내리는데 안도감이 들었어. 네가 아니라 나여서 다행이라고 생각했는데 꿈이었어. 현실은 꿈보다 천 배, 만 배 가혹하구나.

아빠는 아직도 너의 마지막 시간을 찾아보지 못하고 있어. 그저 고통이 덜했기를, 어리석게도 이미 지나간 과거를 여전히 빌고 있어. 그날 오후 우리는 단풍나무 아래서 사진을 찍으며 활짝 웃었는데 올해는 아직 단풍이 물들지 않았어. 그래도 계절은 어김없이 돌아오네. 네가 떠난 지 벌써 일 년이 되었구나. 10월 29일이 다가올수록 심장이 터질 듯 뛰고 마음은 말 한마디의 파동에도 흔들린단다. 맑은 하늘, 곱게 물든 단풍이 참 좋은 계절이었는데 이제는 가을이 참 무겁구나.

신애진 가브리엘라, 너는 이제 세상의 시간에서 벗어나 평안과 안식 속에 있는지.

엄마랑 아빠는 너를 찾아 참 많이 걸었어. 교토에서도 치앙마이에서도 마드리드에서도 여수에서도 열 살, 스무 살, 스물네 살의 너를 만날 수 있었어. 하지만 스물다섯 살의 너는 찾을 수 없었어. 그래도 너를 찾는 일을 멈출 수는 없구나. 5년이 지나 서른 살의 너는 네 엄마의 젊었던 모습을 떠올리며 상상해 볼 수 있을 거야. 5월에 산티아고 순례길을 걸으며 늘 네 생각을 했어. 너만 생각하며 걸었어. 성당이 나오면 기도하고 다시 걸었어. 힘은 들었지만 어느새 그 길이 끝나지 않고 영원히 이어지기를 바라며 아껴가며 길을 걸었어.

산티아고 대성당 앞마당에 누웠을 때 알게 되었어. 순례길은 결코 끝나지 않는다는 걸, 세상 떠나는 날까지 우리는 그 길 위에 있다는 걸 말이야. 산티아고에서 돌아온 날부터 다시 그 길이 그리워졌어. 거기서는 모든 순간이 너와 함께였으니까, 온전히 너를 생각하고 기도하는 나를 만날 수 있었으니까. 파티마 대성당에도 가고 파리에도 갔어. 네가 혼자 간 처음이자 마지막 여행지가 파리였잖아. 네가 묵었던 민박집에서도 묵고 낮에는 네 사진 속 배경들을 찾아다녔어. 아침저녁으로는 성당을 찾아다니며 미사를 보았어. 말은 알아들을 수 없지만 경건함은 같았어. 신자가 아닌 아빠는 영성체도 받지 못하고 주님께 기도하지도 못했어. 그저 어머니이신 마리아님께 너의 손을 잡아달라고, 네가 평안과 안식에 머무를 수 있도록 주님께 대신 빌어달라고 기도했어. 미사 내내 그 기도만 올렸어. 그렇게 여러 날을 빌다 보니 기도가 늘게 되더라. 피에타의 고통을 겪으신 성모님께 같은 고통 속에 있는 엄마에게 자비를 베풀어달라고 빌었어. 159명 희생자들에게 안식을 주십사 빌었어.

지난주 너의 생일에는 친구들이 많이 모여 생일 잔치를 했어. 너의 일기, 친구들의 이야기를 책으로 엮어 친구들에게 주었어. 네가 친구들에게 주는 선물이야. 엄마는 동화책을 썼어. 엄마가 네게 주는 생일 선물이란다. 네가 일기장에 적어둔 버킷리스트, '모교에 장학금 주기'도 엄마, 아빠가 네 심부름을 잘 마쳤어.

너는 어느 세상에 있을까. 평안과 안식 속에 있을까. 아무리 빌어도 알려주지 않지만 그래도 빌 수 있는 게 고마운 일이야. 네 엄마, 김남희 데레사가 마음을 둘 수 있는 성당이 동네마다 있어서 참 고마워. 엄마와 아빠가 지난 일 년을 버틸 수 있었던 힘은 사람들이 주신 공감이었어. 수녀님들, 자원봉사자들, 분향소를 찾아주시는 시민들이 우리의 밥이요 에너지였어. 네가 엄마와 아빠에게 전해준 소중한 인연이야.

어떻게 해야 너와 함께 살 수 있을지 생각한단다. 너의 의미를 빚어 가는 삶이라면 네 몸은 비록 세상에 없지만 너는 기억으로, 의미로 존재할 수 있지 않을까. 그래서 엄마와 아빠는 우리가 받은 공감을 다른 이들에게 전하고 싶어. 가슴에만 머물지 않고 발로 걸으며 연대하는 삶을 찾고 있어. 우리는 모두 연결되어 있잖아. 서로 각자의 몸이지만 우리는 함께 더 큰 생명의 일부라는 생각이 들어. 그 큰 생명이 먹고 사는 밥은 예수님이 자신의 목숨으로 증거하신 사랑이 아닐까. 그런 생각이 산티아고 어느 언덕길에서 문득 들었어.

애진아, 어느 날 네가 꿈에서 엄마에게 찾아와 말했지. 보고 싶지만, 괜찮다고. 아빠는 늘 그 말을 곱씹으며 산다. 그리고 오늘도 네게 말한다.

"보고 싶지만, 괜찮아."

2023년 10월 25일

신애진 가브리엘라에게 이 편지를 드립니다.

특별한 날은 특별히 아프다

지은이	신정섭
처음 펴낸 날	2025년 10월 19일
편집	강지웅
그림	김남희
디자인	모어댄뷰
기획	정지원
펴낸곳	반반벤처스
	서울 동작구 흑석로 88, 302호
	dictyo88@gmail.com

출판등록	2025년 4월 7일(제2025-000014호)
ISBN	979-11-992358-2-3
값 18,000원	

'책방 언덕위에'는 반반벤처스의 출판 브랜드입니다.

이 책은 저작권법에 따라 보호를 받는 저작물이므로 무단 전재와 복제를 금합니다.
잘못된 책은 구매처에서 교환할 수 있습니다.